JN440572

여러 겹의 시간을 만나다

라틴아메리카 문화지도 03

부에노스아이레스, 카르타헤나, 카라카스 그리고 마테차와 마야문명

여러 겹의 시간을 만나다

구경모, 서성철, 안태환, 정이나, 차경미 지음

산지니

머리말

라틴아메리카 지역은 지리적인 다양성은 물론 다면적인 역사를 토대로 형성된 혼종문화로 인해 우리에겐 역동적인 대륙으로 인식되고 있다. 중남미 대륙이 라틴아메리카, 인도아메리카, 메소아메리카, 아프로아메리카 그리고 유로아메리카 등 다양한 명칭으로 불리는 것은 특정한 시기의 역사성과 언어만으로는 이 지역에 대한 설명이 부족하다는 것을 말해준다. 따라서 라틴아메리카 지역을 연구하는 우리들도 이 지역을 매개로 대중과 어떤 방식으로 소통할 수 있을지 늘 고민하게 된다. 우리와 동시대를 살아가고 있지만 이방인으로 다가올 수밖에 없는 라틴아메리카인들과 어깨를 마주하고 일상을 공유할 수 있는 방법을 찾는 것은 쉬운 일이 아니다. 특히 오랜 시간의 속에 축적되어온 그들의 삶을 이해하는 것은 한 가지 방식으로만 풀리지 않는 다차원 방정식과도 같다.

그동안 중남미지역원은 인문한국(HK)사업의 일환으로 라틴아메리카 사회변동의 매트릭스를 구축하기 위한 연구를 수행해오고 있다. 그리고 축적된 연구 성과를 바탕으로 시민강좌를 통해 대중과 소통하기 위한 노력도 지속해오고 있다. 그러나 전문적인 학술연구 성과가 중남미지역에 대한 대중의 지적 욕구에 다가서기에는 다소 무리가 따른다는 사실을 경험하였다. 따라서 중남미지역원은 강좌를 통해 전달하는 방식이 가지는 한시성을 극복하고 대중과 공감대를 형성할 수 있는 장을 마련하기 위해 교양도서로서 라틴아메리카 문화지도 시리즈를 출간하고 있다. 전문 학술 총서와 별도로 교양도서는 대중이 라틴아메리카 대륙을 보고 만나고 느낄 수 있는 공간으로 활용될 것이다.

이 책은 라틴아메리카의 역사와 문화에 대한 이해를 돕기 위해 기획된 라틴아메리카 문화지도 시리즈 3편으로서 '지역사와 문화'에 관한 내용으로 구성되어 있다. 1부는 남미의 대표적인 도시 부에노스아이레스, 카르타헤나 그리고 카라카스를 바탕으로 여러 겹의 시간이 겹쳐 있는 라틴아메리카의 지역사와 문화를 소개한다. 2부는 마테차와 마야문명에 대한 기억을 통해 라틴아메리카 지역문화유산을 만나본다.

부에노스아이레스, 그 미항의 역사

1536년, 페드로 데 멘도사에 의해 부에노스아이레스가 건설된 이래, 이 도시는 건축물의 수려함과 예술, 문화적 분위기로 인해 세계적으로 아름다운 도시 중의 하나로 손꼽힌다. 라플라타 강의 서쪽 해안을 끼고, 위로는 광활한 팜파스가 펼쳐진 곳에 위치해 있는 이 도시에는 이민의 나라답게 아르누보(art nouveau), 신고딕(neogótico), 프랑스의 부르봉 양식 등 갖가지 양식과 형태의 건물이 즐비하다. 특히 프랑스의 영향을 받아 세워진 다양한 건축물로 인해 부에노스아이레스는 '아메리카의 파리'로 불린다. 그러나 이 도시는 최고층 첨단 건물로 대변되는 현대적 도시의 모습도 동시에 보여준다.

한편, 부에노스아이레스는 교육의 중심 도시고 예술과 관광의 도시다. 1865년에 세워진 부에노스아레스 대학은 중남미에서 가장 명성 있는 대학 중의 하나이다. 그리고 이 도시는 연극이나 오페라의 중심지로서도 유명한데 특히 1908년에 세워진 콜론 극장(Teatro de Colón)은 세계 5대 오페라 극장 중의 하나로 손꼽힌다.

그러나 부에노스아이레스는 1990년대 항구 재개발 사업으로 그 면모를 일신하면서 새로운 모습으로 재탄생하였다. 원래 마데로 항구(Puerto Madero)는 버려진 땅이었지만 이곳에서 개발 사업이 성공적으로 수행되면서 이 지역은 부에노스아이레스에서 가장 생기 넘치고 활기찬 곳이 되었다.

푸에르토 마데로 재개발사업은 거의 17억 달러가 투자된, 이제까지 부에노스아이레스에서는 결코 볼 수 없었던 대규모 프로젝트 공사였다. 새롭게 도로를 건설했고, 공원과 광장을 다시 조성했으며, 기념비와 함께 기존의 역사적 가치가 있는 건물들을 개조하고 복원했다. 이렇게 하나씩 하나씩 항구 도시의 새로운 면모를 갖추게 되자 그동안 버려졌던 이 지역에 은행, 기업 사무실, 쇼핑센터, 레스토랑이 들어섰고, 고급 아파트가 건설되는 등 이 지역은 거대한 규모의 상업, 주거 중심지로 바뀌었다. 그리고 이곳에 영화관, 디스코텍, 산책로, 요트장 등 여러 가지 다양한 문화센터 레저 시설들이 속속 세워지면서 이 지역은 부에노스아이레스에서 가장 독특한 관광명소가 되었고, 동시에 부에노스아이레스는 전 세계에서도 손꼽히는 미항의 도시로 변모하였다.

근대해양도시: 카리브 해의 흑진주 카르타헤나

콜롬비아 카리브 해 연안에 위치한 카르타헤나(Cartagena)는 라틴아메리카의 근대해양도시를 대표한다. 라틴아메리카의 근대도시는 '라틴'과 '아메리카'의 만남을 통해 형성된 새로운 역사와 문화가 기록되어 있는 공간이다. 16세기를 시작으로 18세기까지 라틴아메리카에는 식민정복자들에 의해 유럽의 도시 형태를 모방하여 설계된 근대도시가 대량 상품처럼 생산되었다. 도시경관은 가시적으로 과시될 수 있도록 그 외적형태가 장식되었고 원주민들의 왜곡된 경외감을 가지게 했다. 도시는 문명의 상징이었으며 백인문명의 우월감에 입각하여 식민지 원주민들에 대한 분리라는 사회권력 관계로부터 고안되었다. 따라서 식민권력에 의해 건설된 도시는 지배 이데올로기를 공간적으로 구현한 과정이라고 볼 수 있다.

무엇보다도 근대해양도시는 식민권력이 식민화를 가속화하려는 의도와 함께 풍부한 지원을 확보하고자 하는 경제적 야욕이 중심적인 동기로 작용했다. 도미니카공화국의 산토도밍고(Santo Domingo), 쿠바의 아바나(Habana), 멕시코의 베라크루스(Veracruz), 그리고 콜롬비아의 카르타헤나 같은 해양도시는 식민경제의 중추적 기능을 담당했다. 이러한 도시 중에서도 카르타헤나는 남미와 중미를 연결하는 식민해상무역의 중심지였으며, 아프리카로부터 강제 유입된 흑인노예들을 남미 국가로 공급하던 곳이었다.

그 결과 카르타헤나는 남미에서도 아프리카에 뿌리를 둔 인종이 가장 많이 분포되어 있는 도시로 성장했다. 그리고 파편화된 아프리카에 대한 기억의 조각들이 모여 독창적인 문화를 발전시킨 인류문화유산의 도시로 알려져 있다. 카르타헤나의 오늘은 만남과 충돌 그리고 조화와 공존을 통해 형성된 라틴아메리카의 혼종의 모습이 그대로 저장되어 숨 쉬고 있다.

베네수엘라의 카라카스: 라틴아메리카의 근대를 열다

베네수엘라의 카라카스는 역사, 정치적 의미에서 도시의 개성이 뚜렷하다. 무엇보다 남미에서 1810년 독립운동이 처음 일어났던 도시이다. 베네수엘라는 이웃나라 콜롬비아와 함께 미인이 많은 나라로 유명하지만 두 나라는 서로 개성이 다르다. 콜롬비아의 보고타가 식민통치기간 중 행정, 문화의 중심도시였던 데 비해 카라카스는 군사적 의미가 강한 도시였다. 남미의 많은 도시들이 고산지대에 위치하지만 카라카스는 해발 900미터에 불과하고 도시 가운데에 아빌라 산이 있어 쾌적한 분위기를 만들고 있다. 카라카스라는 도시 이름은 이 도시의 북쪽에 살던 원주민 종족으로부터 온 것이다. 베네수엘라는 석유가 1920년대에 발견되기 전에는 카카오와 커피 등을 재배하던 농업 국가였다. 지금도 카카오 원두를 다국적 회사에 수출한다.

카라카스는 라틴아메리카의 근대적 독립을 연 영웅인 시몬 볼리바르의 고향이다. 그의 생가는 오늘날 박물관으로 되어 있는데 그 박물관 옆 벽에는 "만약 자연이 독립에 반대한다면 거기에 맞서 자연을 굴복시키기 위해 투쟁하겠다."는 볼리바르의 유명한 어구가 새겨져 있다. 볼리바르는 독립 투쟁을 성공적으로 이끌고 1819년에 '그란 콜롬비아'공화국을 세우고 대통령이 되었다. 그러나 머지않아 여러 나라로 분리되었고 1829년에 베네수엘라는 분리 독립했다. 스페인과의 독립전쟁에서 흥미로운 점은 볼리바르 외에 프란치스코 데 미란다 장군이 있었는데 그는 프랑스 혁명에 참전하여 파리의 개선문에 그의 이름이 새겨져 있다고 한다. 볼리바르가 위대한 점은 단지 독립을 이끌어서가 아니라 라틴아메리카 통합의 비전과 대의 민주주의의 한계를 인식하며 대중과 밀착된 가부장적 통치의 장점을 부각시킨 정치 사상가이었다는 점이다.

독립 이후 19세기 카라카스는 다른 라틴아메리카 도시들과 마찬가지로 프랑스풍의 도시 문화를 선호한다. 또 다른 카라카스의 개성은 석유로 인한 재정수입이 풍부하여 1950년대부터 근대적 도시 건설이 이루어지고 1970년대의 석유호황기에 비약적인 도시 근대화가 진행되어 시내에는 높은 고층건물이 많이 건설되었다는 점이다. 그러나 현재까지 도시 재개발이 이루어지지 않아 낡고 회색의 우중충한 고층건물로 도시는 거친 분위기를 보여준다. 근대화 시기 대통령으로 재직했던 로물로 가예고는 라틴아메리카의 유명한 소설가로서 베네수엘라 상류층의 인문학적 전통을 엿볼 수 있다. 라틴아메리카 인문학의 아버지로 불리는 안드레스 베요도 베네수엘라 사람이다. 그러나 베네수엘라는 석유에 국가의 재정수입이 지나치게 의존하여 농업의 침체 등 많은 사회 경제적 문제를 가지고 있고 차베스 체제도 이런 구조적 한계를 벗어나지 못하고 있다.

마야의 기억: 치치카스테낭고

안타깝게도 마야는 우리의 기억 속 과거의 시간에만 존재하고 있다. 3,500여 년 동안 흥망성쇠를 반복하며 유지되었던 마야문명은 콜럼버스를 시작으로 하는 유럽의 정복자들이 지금의 아메리카 대륙에 도착하면서 끝이 나버렸다. 마야인들은 이제 유럽인들의 식민지 노예가 되어 점차 사라져갔던 것이다. 이처럼 우리가 갑자기 사라져버린 것으로 알고 있었던 '찬란한' 마야 문명의 소멸

원인은 '외계인'이 아니라 유럽의 제국주의적 식민 정책의 결과였던 것이다.

이 글은 우리가 막연하게 동경하고 한편으로는 '경외'의 대상이기도 한 마야인들의 이야기이다. 그들의 기원, 세계관, 문화, 과학의 이야기를 간단하게 정리하였으며, 현재 과테말라 인구의 60% 이상을 차지하고 있는 마야인들에 대해 다루었다. 특히 과테말라 북부 산간지방의 키체 주(州)의 치치카스테낭고 시(市)의 키체족에 대해서 조금 상세히 열거했다. 마야인의 후손들은 멕시코 유카탄 반도와 과테말라 지역에 골고루 분포하여 살아가고 있다. 과테말라의 경우 약 22개의 언어 족으로 구분되는 22개의 종족으로 나뉘어 있으며, 이 중 가장 많은 인구수를 나타내고 있는 종족이 키체족이다.

그리고 글의 마지막 부분에는 과테말라 근대사에 위치한 마야인들의 사회적 · 경제적 위치를 간략하게 언급하였다. 이는 여전히 현재 진행형 중인 그들의 고단한 삶이 과거 그들 선조들이 남긴 피라미드와 건축물 등과 같은 문화유산의 유적지들보다 제대로 조명받지 못하고 있는 안타까움을 공유하기 위한 것이었다. 우리가 자칫 타문화와 지역에 대한 유희적 호기심으로 그 지역 사람들의 일상과 현실을 외면하거나 그들을 타자화하는 오류를 범하지 않았으면 하는 바람이다.

꼬노수르 지역의 문화유산

라틴아메리카의 지역문화, 즉 코노수르 지역을 이해할 수 있는 마테차에 대해 살펴본 것이다. 꼬노수르 지역은 지리적으로 파라과이를 비롯한 아르헨티나, 우루과이, 브라질 서남부, 칠레와 볼리비아 일부 지역을 일컫는다. 라틴아메리카는 스페인과 포르투갈의 식민 과정으로 인해 유사한 언어와 문화를 가진 것처럼 보이지만, 실제로는 각 지역마다 다채로운 모습을 지니고 있다. 라틴아메리카의 문화적 다양성은 그 뿌리인 원주민으로부터 영향을 받은 바가 적지 않으며, 이와 같은 원주민 문화는 지금까지 라틴아메리카 각 지역의 기층 문화(基層文化)를 이루고 있다. 이러한 맥락에서 라틴아메리카의 각 지역을 대표하는 음식과 음악, 의복, 의례 등의 일상문화에서는 원주민과 관련된 문화적 요소들을 쉽게 발견할 수 있다.

이는 코노수르 지역도 마찬가지이다. 코노수르 지역은 과라니 문화권과 일치하여 이들 국가 간에 공유하는 문화적 요소들이 흔히 발견된다. 마테차는 바로 과라니 문화권을 상징하는 대표적인 일상문화이자 문화유산이다. 마테차는 과라니 원주민 문화에서 기원했지만, 지금은 코노수르 사람들의 일상생활에 없어서는 안 될 기호식품으로서 인종과 계층, 성별에 상관없이 남녀노소 누구나 즐기는 음료이다.

그러나 마테차가 단순히 이 지역 사람들에게 기호식품으로서의 역할만 하는 것은 아니다. 마테차를 마실 때는 코노수르 지역에서 자라는 다양한 종류의 약초를 첨가해서 마시는데, 이는 민간요법으로서 널리 활용된다. 마테차에 사용되는 약초의 숫자는 셀 수 없이 많다. 예를 들어 약초는 마테차를 마시는 사람들의 몸 상태에 따라 선택되는데, 두통이나 복통, 소화불량, 변비, 담석 등의 치료제로 쓰인다. 또한 약초들은 몸을 건강하게 하는 기능도 있는데, 예를 들어 몸을 상쾌하게 하거나 피를 맑게 하고, 이뇨 작용을 활발히 하며, 비타민과 다양한 영양소를 제공하는 역할도 한다.

또한 마테차의 사회문화적 기능도 무시할 수 없는데, 마테차의 음용방법인 '함께 돌려 마시기'는 바로 이 지역 사람들의 공동체 문화를 보여주는 사례라 할 수 있다. 즉 코노수르 지역의 마테차는 단순한 차 혹은 음료가 아닌 코노수르 지역 사람들의 건강을 지키는 자연의 선물이자 이들 사회를 유지하는 매개체라 할 수 있다. 이런 연유로 마테차는 코노수르 지역 사람과 문화를 이해할 수 있는 키워드인 셈이다.

최근에는 마테차 소비가 코노수르 지역을 넘어 전 세계로 확대되고 있다. 한국에서도 몇 년 전부터 마테차 티백을 비롯하여 간편하게 마실 수 있게 페트병 음료로도 출시되고 있다. 또한 미용과 다이어트에 효과가 있다고 알려지면서 소비자들에게 각광을 받고 있는 듯하다. 특히 광고에서 늘씬한 미녀를 동원하면서 이런 식의 마테차 이미지가 고착화된 듯하다.

본 장에서는 마테차에 대한 단편적인 지식을 넘어 마테차가 생겨난 곳의 역사와 그 지역 사람들의 이야기를 통해 마테차가 단순한 기능성 음료가 아닌 그 지역을 이해할 수 있는 문화유산으로서 조망하고자 하였다. 마테차의 역사와 생산과정, 마시는 방법과 도구, 효능, 마테차의 종류에 이르기까지 마테와 관련된 모든 부분이 간략하나마 총망라되어 있다. '마테차 이야기'를 통해 라틴아메리카 코노수르 지역의 문화를 음미하는 데 조금이나마 도움이 되기를 희망한다.

부산외국어대학교 중남미지역원

| 차례 |

1부

라틴아메리카의 여러 겹의 시간 : 도시의 역사

부에노스아이레스,
그 미항의 역사

부에노스아이레스는 공식적으로 '부에노스아이레스 자치시'(Ciudad Autónoma de Buenos Aires, 약칭으로 CABA)이고, 아르헨티나 연방정부의 수도라는 의미에서 '연방수도'(Capital Federal)로도 불린다. 이 메트로폴리탄 도시는 행정, 의회, 사법 및 자체 경찰을 갖는 등 완전히 자치시로서의 기능을 하고 있다. 그리고 아르헨티나 24개 주의 하나로서 이 나라의 동부 중앙, 리오 델라 플라타 강의 서쪽 해안을 끼고 있으며 위로는 광활한 팜파스가 펼쳐진 곳에 위치해 있다.

부에노스아이레스의 리베르타도르(Libertador) 거리

1776년에 리오 델라 플라타 부왕령이 세워지면서 부에노스아이레스는 아메리카 대륙에서 가장 늦게 세워진 이 부왕령의 수도로 정해졌다. 그리고 1880년 부에노스아이레스는 아르헨티나 공화국의 수도가 되었고, 부에노스아이레스 주로부터 분리되었다. 이 도시는 48개의 구로 나뉘어 있는데 이는 19세기에 이 도시에 세워졌던 48개의 교구에서 유래한다.

부에노스아이레스는 1994년까지 아르헨티나 연방정부에 속해 있었고 시장은 정부에 의해 임명되었다. 1996년부터는 헌법에 의해 공식적으로 자치도시(Ciudad Autónoma)의 지위를 획득하였고 시장도 선거에 의해 선출되었다.

2010년의 인구조사에 의하면 부에노스아이레스시의 인구는 290만 명에 달하고 부에노스아이레스 주를 합친 그란 부에노스아이레스(Gran Buenos Aires)의 인구는 1,440만 명에 육박하고 있다. 아르헨티나에서 가장 큰 도시인 부에노스아이레스는 멕시코시티, 사웅파울루와 함께 라틴아메리카에서 가장 큰 도시 중의 하나로 손꼽힌다.

도시의 면모는 휘황찬란하다. 이민의 나라답게 이곳에서는 누보아르(art nouveau), 신고딕(neogótico), 프랑스의 부르봉 양식 등 갖가지 양식과 형태의 건물이 즐비하다. 특히 프랑스의 영향을 받아 세워진 다양한 건축물로 인해 부에노스아이레스는 "아메리카의 파리"로 불린다. 그리고 근대화가 진척되면서 건설된 최첨단 현대식 고층 빌딩도 여기저기 보인다. 2005년 이 도시는 유네스코에 의하여 '디자인 도시'로 선정되었다.

한편, 부에노스아이레스는 교육의 중심 도시고 예술과 관광의 도시다. 1865년에 세워진 부에노스아레스 대학(Universidad de Buenos Aires)은 중남미에서 가장 명성 있는 대학 중의 하나이다. 그리고 이 도시는 연극이나 오페라의 중심지로서도 유명한데 특히 1908년에 세워진 콜론 극장(Teatro de Colón)은 세계 5대 오페라 극장 중의 하나로 손꼽힌다.

콜론 극장

부에노스아이레스 대학 법학부 건물

그리고 무엇보다도 부에노스아이레스는 해안에 면한 도시로서 새롭게 단장한 푸에르토 마데로(Puerto Madero) 항구는 세계적으로 아름다운 항구의 하나로 간주된다.

부에노스아이레스

리오 델라 플라타: 텅 빈 공간

유럽인들이 리오 델라 플라타(Rio de la Plata) 지역에 도착하기 전, 이 지역은 지금도 그렇지만 거대한 평원이었다. 스페인 정복자들이나 식민자들이 도래하기 전만 해도 원주민들은 야생 야마의 일종인 '과나코'(guanacos)나 아메리카의 타조라고 할 수 있는 냔두(ñandu)를 사냥했었다. 당시, 스페인 정복자들이나 식민자들이 도래하기 전만 해도 페루에서 유래한 '팜파'(pampa)라는 용어는 사용되지 않았다. 여타 아메리카 대륙의 스페인 식민도시가 인디오 원주민들과 관련이 있었다면 부에노스아이레스는 텅텅 빈 공간이었고 그곳을 채웠던 것은 유럽인들이었다.

당시 리오 델라 플라타 지역의 남쪽 해변에는 유목 원주민으로 테우엘체족(tehuelches)과 삼보롬본(Samborombón) 강을 중심으로 케란디족(querandíes)이 있었다. 그리고 오늘날 우루과이에 해당되는 또 다른 해안가에는 수렵민인 차루아족(charrúas)이 살고 있었다. 그러나 이들 원주민들은 항해 기술을 갖지 못했기 때문에 그들 사이에 교류가 없었고 서로의 존재를 알지 못했다. 한편, 파라나(paraná) 강 쪽으로는 과라니족(guaraní)이 살고 있었는데 그들은 주로 물고기를 잡아 생활했다.

도시의 탄생

1516년 스페인인 후안 데 솔리스는 처음으로 리오 델라 플라타에 발을 디뎠다. 솔리스는 그곳에서 정주 준비를 했지만 원주민들의 완강한 저항에 부딪혔고 결국 원정은 실패로 돌아가고 말았다. 그리고 얼마 지나지 않아 마젤란이 이 지역을 통과하여 대서양과 태평양을 잇는 항로를 찾기 위해 리오 델라 플라타 강까지 거슬러 올라왔다. 그러나 그곳에서 항로를 발견하지 못한 그는 남쪽으로 계속 내려가 지금의 파타고니아까지 항해를 했다. 그리고 그곳에서 테우엘체 원주민들과 조우했다. 그들은 이 원주민들을 그리스 신화에 나오는 거인족으로 연상해 파타고네스(Patagones)로 불렀다. 이어 훗날 자신의 이름이 붙여진 대서양에서 태평양으로 들어가는 마젤란 해협을 발견하였다.

아르헨티나

라플라타 강

부에노스아이레스는 페드로 데 멘도사(Pedro de Mendoza)에 의해 1536년 2월에 최초로 건설되었다. 그는 영토를 일정하게 분배하여 이주민들은 정주시켰지만 그것은 불안정한 식민이었다. 그는 이곳을 "우리들의 부엔 아이레 성모 마리아 항구"(Puerto de Nuestra Señora María de Buen Ayre)로 명명하였다.

그는 스페인의 카를로스 5세로부터 일종의 식민지 총독이라고 할 수 있는 '아델란타도'(Adelantado)의 직위를 부여받아 지금의 리오 델라 플라타에 왔다. 그는 1500명의 사람들을 이끌고 지금의 보카(Boca) 지역에 면한 '리아추엘로 데 로스 나비오스'(Riachuelo de los Navíos) 강에 도착했다. 사람들은 이곳에서 다른 정복 지역에서와 마찬가지로 금과 은을 캘 수 있으리라는 기대를 가졌다. 그들은 이 지역이 정주에 적합한지 조사한 후 이곳에 최초의 마을을 세웠다. 그들은 진흙과 짚으로 만든 집들을 세우고 교회, 그리고 소규모의 요새를 건설하였다.

리오 델라 플라타 지역에서는 유목민인 케란디족*이 선주해 살고 있었다. 초기 스페인 식민자들과 이들 원주민들은 평화롭게 지냈다. 스페인인들은 스페인 산물, 원주민들은 사냥이나 낚시로 잡은 물고기들을 서로 교환하였다.

케란디족

그러나 스페인 식민자들의 지속적인 음식 요구에 이들 인디오들은 반란을 일으켰다, 이 인디오들의 반란을 진압하기 위해 페드로 데 멘도사는 동생인 디에고 데 멘도사를 대장으로 한 군사원정대를 조

---

* '케란디'라는 용어는 과라니 말로서 "기름을 먹는 남자 또는 사람"이라는 뜻인데 그들은 동물의 기름을 상용하고 있었다. 반유목민이었던 그들은 사냥꾼들로서 활과 화살로 사슴, 야생조류, 냔두를 사냥했다. 그리고 그들은 세공 일도 하고 있었다.

직하였다. 1536년 6월 15일 스페인인과 케란디족 사이에 치열한 전투가 벌어졌고 이 전쟁에서 40명의 스페인인 그리고 수천 명의 인디오들이 죽었다. 살아남은 원주민들은 인근의 다른 부족과 합세해 막 건설된 이 도시를 지속적으로 공격하였다. 이때부터 부에노스아이레스 식민촌은 굶주림의 고통을 받았고 케란디족이 언덕을 포위하자 남아 있던 스페인들은 생존의 기로에 서게 되었다. 그 뒤 인디오들은 물러갔지만 그곳에 남았던 많은 수의 스페인인들은 추위와 기근으로 죽어갔고 도시는 파괴되었다.

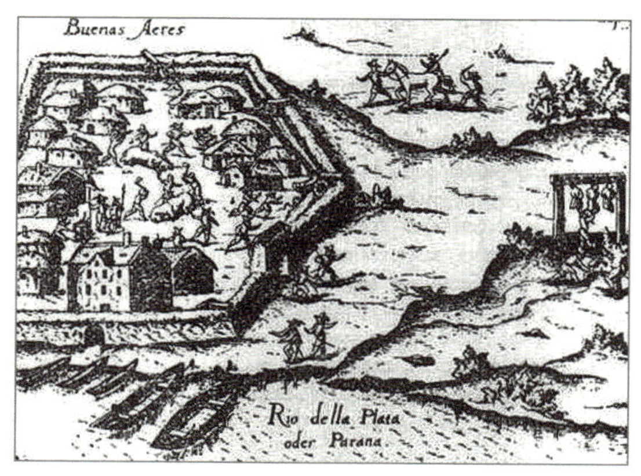

케란디족과 멘도사 군과의 싸움을 묘사한 당시의 그림

중병에 걸린 멘도사는 루이스 갈란(Francisco Luis Galán)에 지휘를 맡기고 자신은 스페인으로 돌아가던 중 1537년 4월, 배에서 죽었다. 그 뒤, 부에노스아이레스 건설은 리오 델라 플라타 멘도사의 원정대에 참가했다가 생존한 스페인인들에 의해 계속되었다.

부에노스아이레스가 다시 건설된 것은 후안 데 가라이(Juan de Garay)에 의해서였다. 그는 '아델란타도'였던 토레스 데 베라(Juan

Torres de Vera y Aragón)로부터 남쪽 지역을 정복하고 해안가에 도시를 세우고 식민하라는 명령을 받았다. 그는 원정대를 조직하여 리오 델라 플라타를 향해 떠났고 마침내 1580년 6월 11일 부에노스아이레스를 재차 건설할 수 있었다. 후안 데 가라이는 이곳을 '성삼위일체'라는 뜻의 '산티시마 트리니닷'(Santísima Trinidad)으로 명명하였고 항구에 '산타마리아 데 로스 부에노스 아이레스'(Santa Maria de los Buenos Aires)라는 이름을 붙였다.

페드로 데 멘도사

후안 데 가라이

그는 1573년에 제정된 '인디아스법'(Leyes de Indias)에 의거하여 최초의 정주자들에게 땅을 배분하였고 반듯한 직사각형 모양으로 도시를 건설하였으며 거리에 맞추어 이 도시를 144개의 구획으로 나누었다. 이 시기, 도시 중심부에 대광장인 '플라사 마요르'(Plaza Mayor)가, 그리고 여기를 중심으로 카빌도(Cabildo), 교회, 정부 청사 등 주요한 건물이 세워졌다. 뒤에 후안 데 가라이는 전설로 내려오던 '시이저 황제의 도시'를 찾아서 원정(1581~1582)을 했다가 원주민에게 살해되었다.

이후, 이곳으로 온 스페인인들은 여러 도시들을 건설하였다. 주 광장에 세운 카빌도를 통해 코레히도르(Corregidor), 시장 등 다양한 정부 관리들이 사법, 경찰, 공공 서비스 및 도시 방어 등을 담당하였다. 부에노스아이레스 카빌도의 건물은 18세기 예수회에 의해서 건립되었는데 그동안 여러 번 보수되어 지금도 남아 있다.

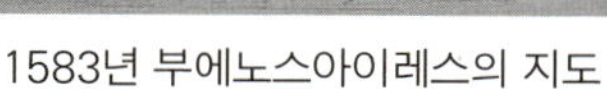
1583년 부에노스아이레스의 지도

카빌도의 모습

한편, 스페인이 아메리카 곳곳에 세운 전형적인 건물로 요새를 들 수 있는데. 부에노스아이레스의 정부 청사인 '카사로사다'(Casa Rosada)*도 그중의 하나이다. 이 요새는 리오 델라 플라타 강을 굽어보고 외적의 배들이 들어오는 것을 한눈에 볼 수 있도록 언덕에 세워졌다. 이 요새 청사인 '카사로사다'에서 부왕이나 지사가 머물렀고 지금은 아르헨티나 대통령궁 및 정부 청사로 바뀌었다.

---

* 카사로사다는 "분홍빛 집"이라는 뜻이다.

초창기 식민시대의 요새. 후에 카사로사다(Casa Rosada)로 바뀜

현재의 대통령궁인 카사로사다

당시, 부에노스아이레스 항구는 전 세계로 향하는 창구 역할을 하였다. 그러나 한 시기, 이곳의 무역은 페루 부왕의 명령의 의해서 금지되었다. 그러나 부에노스아이레스 거주민들은 이 금지령을 무시하

고 생존을 위해 밀수에 종사하였다. 18세기 중반 이후까지 부에노스아이레스는 리마에 본부를 둔 페루 부왕령의 관할하에 있었다. 스페인 제국은 페루 부왕령과 리오 델라 플라타 간의 먼 거리로 인하여 영국이나 포르투갈인들에 의해 이 지역에서 성행했던 밀수를 막을 수 없었다.

부에노스아이레스는 도시가 건설된 이래 '리아추엘로 데 로스 나비오스' 강을 이용하여 상품이나 물건을 하역하였다. 이 강은 수심이 깊어 운하 역할을 하였는데 당시 부에노스아이레스에는 부두가 없었기 때문에 배가 정박하면 조그만 거룻배로 사람과 물건을 실어 날랐다.

부에노스아이레스 도시는 다른 아메리카 대륙의 도시와는 달리 도시의 발전이 쉽게 이루어지지 않았다. 그 이유로 원주민 인디오들의 지속적인 공격을 들 수 있다. 당시, 리오 델라 플라타의 북동부에 살던 원주민들은 스페인의 지배에 대해서 싸우고 있었고 지속적으로 반란을 일으켰다. 팜파스나 차코(chaco) 지역에 살던 인디오들은 부에노스아이레스 지역을 빈번히 침입하였는데 이는 리오 델라 플라타 식민 당국의 골칫거리였다. 당시 스페인에 의해 복종된 유일한 원주민들은 메소포타미아 지역에 살고 있던 인디오들이었다. 그리고 또 다른 이유로서 이 도시는 처음부터 상업적으로 발전할 수 있는 여건이 조성되어 있지 않았다. 스페인 정복자나 식민자들이 희구했던 부와는 먼 이 도시는 다른 아메리카의 도시에 비해 뒤처진 도시였다. 지금의 페루 수도인 리마는 스페인 제국의 식민지 중에서 누에바에스파냐의 멕시코시티와 함께 가장 번영했던 도시로서 이곳의 부왕은 식민지인들이 아메리카의 다른 항구와 교역하는 것을 금지하면서 독점무역을 행하고 있었다.

그러나 리오 델라 플라타의 상업적 가치가 증대되면서 1776년에 스페인의 카를로스 3세 국왕은 이 지역을 효과적으로 통치하기 위해서 리오 델라 플라타 부왕령을 세웠다. 그리고 부에노스아이레스가 부왕령의 수도로 정해지면서 이 도시는 항구 및 세관의 중심지로 변모해갔다. 물론, 이 지역에서의 밀수와 해적 활동은 여전히 성행하고 있었다. 1778년에 리오 델라 플라타 부왕령은 확고한 체제를 갖추었고 4년 후에는 '인텐덴시아'(Intendencia) 제도를 설립해 이 지역을 보다 효율적으로 통치할 수 있었다. 당시 리오 델라 플라타는 리오 델라 플라타, 투쿠만(Tucumán), 쿠요(Cuyo)라는 세 개의 주로 나뉘어 있었다.

시간이 흐르면서 아르헨티나의 가죽 제품의 수출이 늘고 유럽의 공산품의 유입이 점증하면서 부에노스아이레스 항구의 중요성은 날로 커져만 갔다. 이런 식민지의 새로운 경제와 질서는 독립전쟁 시기까지 이어졌다. 부에노스아이레스를 근거지로 강력한 상인 부르주아지가 새롭게 등장하였고 이들은 리오 델라 플라타 연합주(Provincia Unidas del Río de la Plata)를 만들어 1810년의 독립 운동을 이끌었다. 1810년 5월 25일 부에노스아이레스 카빌도는 부왕령을 철폐했다. 후에 아르헨티나 여러 주의 대표자들은 한데 모여 1816년 7월 9일 스페인으로부터의 독립을 선언했고, '남미 연합주'(Provincias Unidas de Sudamérica)*를 설립하였다. 그러나 부에노스아이레스를 중심으로 한 단일주의자와 지방을 근거지로 한 연방주의자 간의 투쟁이 지속되었고, 이후 점차 연방주의로 발전해나가 1880년 9월 20일, 부에노스아이레스 시 연방(Federación de la Ciudad de Buenos Aires)이 만들어졌다.

* 후에 리오 델라 플라타 연합주로 바뀌었다.

부에노스아이레스 연방은 항구로 들어오는 배에 대해 세금을 부과했고 거기서 나오는 수입은 국가 재정의 주 수입원이었다.

1880년 10월 12일, 훌리오 로카(Julio Roca) 대통령 집권 시기, 부에노스아이레스에서 약 백 킬로미터 떨어진 곳에 '라플라타'(La Plata) 도시가 세워졌고, 부에노스아이레스 주의 수도가 되었다. 이때 부에노스아이레스 시는 주로부터 분리되었다.

1857년과 1914년 사이에 많은 수의 이민들이 아르헨티나로 들어왔다. 이 시기 들어온 약 330만 명의 이민들은 주로 유럽인들이었다. 도시는 날로 커져갔고 인구는 증가했으며 1914년에 부에노스아이레스는 인구수 157만을 가진 상업과 문화적으로 번성한 세계 20위 도시 중의 하나였다. 이 시기 부에노스아이레스의 보카 지역에서는 유럽에 들어온 이민 노동자, 그리고 선술집 등을 중심으로 아르헨티나의 국민적 춤이라고 할 수 있는 탱고가 탄생하였다.

탱고 초기의 악사들

탱고의 발상지인 카미니토(Caminito)

한편, 상업이 활발해지고 무역이 확대되면서 부에노스아이레스에 새로운 항구의 건설이 요구되었다. 상인인 에두아르도 마데로는 1861년부터 1869년 사이에 항구 건설을 위해 여러 개의 프로젝트를 정부에 제시했는데 마침내 1882년 아르헨티나 정부는 그의 제안을 받아들여 항구를 건설하기 시작하였다. 미국의 베어링 브라더스(Bearing Brothers)가 투자한 이 항구는 1884년에 건설되었다. 그러나 이 항구는 많은 한계와 약점을 갖고 있었고 결국 아르헨티나 정부는 1908년 '푸에르토 누에보'(Puerto Nuevo)라는 새로운 항구를 건설하기로 결정하였고 1911년에 시작된 이 항구는 1919년에 완성되었다.

1880년대에 이르면 부에노스아이레스에서 대규모 도시 프로젝트가 시행되었다. 이에 따라 도시의 면모와 기능은 대폭 바뀌게 되었다. 아르헨티나의 경제가 성장하면서 도시의 인프라도 발전되었다.

누에베 데 훌리오(9 de Julio) 대로

공공 서비스가 확대되어 정부 기관, 광장, 공원, 박물관, 도서관 등 새로운 건물들이 세워졌다. 그리고 1898년에 대통령궁, 1908년에 국회의사당 건물, 그리고 콜론 극장(1908) 등 기념비적인 건축물들이 여기저기에서 세워졌다. 이렇게 다양한 스타일의 건물들이 속속 세워지면서 부에노스아이레스는 아르헨티나라는 신생국가의 진보를 상징하는 도시로 바뀌어갔다. 이 시기 많은 대로와 가로수 길이 만들어졌는데, 그중에서 가장 유명한 도로는 부에노스아이레스의 남과 북을 관통하면서 세계에서 가장 도로 폭이 넓다는 '누에베 데 훌리오'(9 de Julio) 대로가 1937년에 건설되었다.

19세기 말과 20세기 초에는 교통과 운송, 통신 부문에서 괄목할 만한 발전이 이루어졌다. 1863년 부에노스아이레스에 최초의 전차가 개통되었는데 레티로(Retiro)역에서 플라사 데 마요(Plaza de Mayo)역까지 잇는 노선이었다. 1870년대에는 주요한 전차 회사는 '트램웨이 센트럴'(Tramway Central) 회사였다. 1880년대에는 '앙글로 아르헨티나'(Anglo Argentina)라는 새로운 전차 회사가 출현하였고, 1908년에는 전차 회사가 12개로 늘어났다. 그러나 1908년과 1909년 사이에 이 회사들이 서로 합병하여 전체 네 개 회사가 아르헨티나 전차 시장을 장악하고 있었다. 그중에서 가장 규모가 컸던 회사는 '앵글로 아메리카'로서 이 회사는 아르헨티나 전체 노선의 80%를 점하고 있었다. 전차 노선의 길이는 점차 확대되어 1920년대에는 약 870킬로미터에 달했고, 전체 전차 수는 3천 개에 이르렀으며, 약 만 2천 명이 전차회사에 고용되어 일하고 있었다. 이후 부에노스아이레스 전차는 약 백년간 운행했다가 1963년에 사라지게 되었다.

1881년에는 부에노스아이레스에 최초로 전화가 개설되었고, 1882년에는 중앙식 전기가 공급되었으며, 1886년에는 앞서 언급한 마데로에 의해 부에노스아이레스 항구의 건설이 시작되었다. 한편, 1889년에는 부에노스아이레스와 우루과이의 몬테비데오를 잇는 수중 전화 케이블이 건설되어 양국 간에 통화가 가능해졌다. 1894년에는 수돗물 등 공공 서비스가 시작되었고 1896년에는 최초로 영화가 상영되었다. 1903년에는 택시가 운행하였고 다음 해에는 라디오 방송국이 개설되었다. 그리고 1904년에는 대중교통 버스가 운행하였고, 1913년에는 라틴아메리카 최초로 지하철이 개통되었다. 한편, 1916년에는 부에노스아이레스와 티그레(Tigre)를 잇는 전기 기차가 운행하였다.

트램웨이 회사의 초기 전차 모습(1987)(위)과
부에노스아이레스 최초의 지하철 건설 현장(아래)

부에노스아이레스 미항의 역사

푸에르토 마데로 항구의 건설

푸에르토 마데로(Puerto Madero, 원뜻은 마데로 항구임) 지역은 부에노스아이레스에서 가장 생기 넘치고 활기찬 곳이다. 라플라타 강을 끼고 시내 중심부에서 가까운 이곳은 부에노스아이레스에서 가장 매력적인 지역이라고 할 수 있다. 강이 있고, 고풍스런 옛 건물이 있고, 부두 사이로 최첨단 건물들이 줄지어 서 있으며, 문화가 있고, 환락이 있다. 이곳은 무엇보다도 부에노스아이레스인들이 사랑하는 지역이다. 연인과 산책하고 싶은 사람들, 고급 레스토랑에서 식사를 하고 싶은 사람들, 디스코텍으로 몰려드는 젊은이들, 돈을 벌려는 사람들, 쾌적한 환경에서 살고 싶어 하는 사람들 모두가 이곳으로 몰려든다. 이곳은 또한 많은 외국인 관광객들이 꼭 거쳐 가는 필수적인 관광 코스 중의 하나다.* 한마디로 푸에르토 마데로는 '포르텐세'(portense), 다시 말해, 라플라타 강을 끼고 사는 부에노스아이레스 사람들을 밤낮으로 끌어들이는 하나의 자석이라고 할 수 있다.

그러나 이 지역이 지금과 같은 명성을 누리게 된 것은 그리 오래된 일이 아니다. 불과 15년 전만 해도 이 지역은 가장 못살고, 지저분

---

* 푸에르토 마데로 지역은 부에노스아이레스 10대 관광지의 하나이다.

하며, 발전이 정체된 지역 중의 하나였다.

부에노스아이레스 시는 항구도시다. 그러나 라플라타 강 어귀에 세워진 이 도시는 탄생부터 많은 문제점을 안고 있었다. 우선 수심이 너무 얕아서 배들은 항구에 들어오지 못하고 항구에서 멀리 떨어진 곳에 정박할 수밖에 없었고 승객들이나 화물은 거룻배나 작은 배에 옮겨져서 부두까지 와야만 했다. 이런 불편함을 해소하기 위해 1882년 아르헨티나 정부는 에두아르도 마데로(푸에르토 마데로는 바로 이 마데로 이름에서 유래한다)라는 한 상인에게 의뢰하여 이 항구를 건설하려는 계획을 추진한다. 1887년에 항구 건설이 시작되어 10년간 많은 자본을 들인 끝에 1897년에 항구가 조성되었다. 당시로서는 기념비적이라 할 수 있는 대규모 사업이었지만 공사 완료 후 10년 만에 이 항구는 당시 커져만 갔던 화물선이나 배를 수용할 수 없는 완전히 쓸모없는 항구로 바뀌게 되었다.

지금의 푸에르토 마데로 항구의 전경

푸에르토 마데로 항구는 1886년과 1898년 사이에 건설되었다. 라플라타 강과 부에노스아이레스 시의 전통적인 중심부 사이에 위치한 푸에르토 마데로에 대한 야심적 프로젝트는 부에노스아이레스를 이 지역에서 가장 중요한 항구로 만드는 것으로서 이 프로젝트는 4개의 부두와 16개의 창고를 포함하고 있었다.

초기 푸에르토 마데로 항구의 건설(위)과
19세기에서 20세기 초까지의 항구 전경(아래)

프로젝트 초기부터 이 지역은 커다란 논쟁의 무대였다. 공사의 지연과 담당 관리들의 부패 그리고 무엇보다도 해안가와 평행한 부두를 건설하면서 항구 시스템이 제대로 작동되지 않았던 점은 건설 내내 끝없는 분쟁의 동기였다. 1910년대 중반, 항구가 개통된 지 15년 후, 푸에르토 마데로 북쪽에 지금의 부에노스아이레스 항구(또는 신 푸에르토라 불리는)가 건설되기 시작했는데 그것은 이제까지의 푸에르토 마데로 항구의 부족한 점을 보완하고 해안과 수직이 되도록 부두를 건설하는 것이었다.

이렇게 푸에르토 마데로 항구가 더 이상 제 기능을 발휘하지 못하자 이 지역은 시간이 가면 갈수록 쇠락을 거듭해 낡은 건물들, 쓰레기, 흉물스런 철골만이 남아 있는 마치 아무도 살지 않는 황무지처럼 부에노스아이레스에서 가장 지저분하고 흉물스런 지역으로 바뀌고 말았다. 아르헨티나 정부는 새로운 항구를 다시 건설해야만 하는 상황에 처하게 되었고, 1920년대에서 1980년대까지 간헐적으로 이 버려진 항구를 새롭게 재건하자는 움직임과 계획이 세워졌지만 그 시도는 번번이 실패했다. 1988년 목축지, 4개의 부두(dock), 그리고 19세기 말에 세워진 건물들이 포함된 170헥타르의 땅은 쓸모가 없게 되었다.

구푸에르토 마데로 연합회사의 탄생과 역할

1925년 이래, 에두아르도 마데로(Eduardo Madero)가 설계한 항구를 도시의 기능 및 외관에 맞게 조화롭고 계획적인 형태로 통합시키려는 수많은 프로젝트가 세워졌지만 모두가 성과 없이 끝났다. 그 주요한 이유로서는 예산문제, 그리고 도시개발을 방해했던 당시 아르헨티나의 정치, 경제, 사회적 불안정이었다.

한편, 이런 이유 말고도 푸에르토 마데로 지역은 정부기관, 민간기업, 그리고 그곳에 살고 있었던 거주자들의 이해관계가 복잡하게 얽혀 있던 논란 많은 지역이었다. 이 지역에 아르헨티나 항만국, 해군성 등과 같은 정부기관과 상업 활동을 하고 있던 민간기업들이 그곳에서 공존하고 있었고, 방치된 하역 보관창고에는 무단 거주자들이 들어와 살고 있었으며, 그곳에는 또한 그들을 내쫓고 법적으로 제재할 행정당국이 함께 존재했던 공간이기도 했다. 이런 혼란과 무질서 속에서 이 지역의 도시 계획 및 개발은 성사될 수 없었다.

그러나 1989년, '구푸에르토 마데로 연합회사'(Corporación Antiguo Puerto Madero S. A.)의 탄생으로 이 항만지역의 개발은 새로운 전기를 맞게 되었다. 같은 해 11월, 아르헨티나 공공건설부, 내무부, 그리고 부에노스아이레스 시정부는 이 푸에르토 마데로를 새롭게 개발하자는데 전격적으로 동의, 서로 의기투합하여 함께 손을 잡고 하나의 주식회사를 설립하는데 이것이 바로 '구푸에르토 마데로 연합회사'이다.

1989년, 메넴 정부가 들어서면서 신자유주의의 영향으로 아르헨티나에 민영화가 촉진되면서 공공 도시개발 및 서비스에 있어서 중앙적-민간주도형(Centralizada-Privada) 모델의 사업이 두드러지게 나타나게 되었다. 이 시기, 전화(1991), 전기 에너지(1992), 가스(1992), 수돗물과 하수도(1993), 지하철(1994) 그리고 도시철도 등이 민영화되었다. 이런 정치적, 경제적 상황에 따른 민영화 정책의 여파에 따라 푸에르토 마데로 프로젝트 역시 중앙적-민간주도형 모델 안에서 추진되었고, 그 구체적 결과물이 바로 '연합회사'였다.

'연합회사'의 특징 중의 하나는 공공예산을 전혀 사용하지 않는다는 점이다. 다시 말해서, '연합회사'는 초기 법인자본의 50%는 아르헨티나 중앙정부가 보유한 16개의 부두(dock)를 포함한 170헥타르에 달하는 부지를 매각해 마련했고 나머지 50%는 부에노스아이레스 정부의 재원으로 충당되었는데 그 재원은 푸에르토 마데로 지역의 문화적 사업에 충당하도록 되어 있었다.

아르헨티나 중앙정부와 부에노스아이레스 시정부의 역할도 명확하게 규정되었는데, 예를 들어, 중앙정부나 부에노스아이레스 시정부는 '푸에르토 항만당국', '아르헨티나 철도회사', '곡물연합회' 등이 170헥타르에 달하는 이 지역에 대해 가지고 있는 소유권과 관할권을 모두 '푸에르토 마데로 연합회사'에 귀속시키고 모든 개발을 전적으로 이 회사가 하게끔 맡겼다. 다만 부에노스아이레스 시정부는 도시개발을 하는 데 필요한 기준이나 규정을 세우는 것으로 그 역할을 다했다.

그 이래로 '연합회사'는 토지의 분할 및 매각을 담당하고 도로 건설 및 공원을 조성하고 부두 사이에 다리를 건설하며 코스타네라 수르(Costanera Sur) 지역을 개발하는 등 인프라 시설을 구축하고 그 서비스의 유지를 담당하였다.*

마스터 플랜과 항구의 건설

'푸에르토 마데로 연합회사'에 모든 토지의 소유권이 이전되자, 이 회사는 민간자본을 끌어들이기 위해서 땅이나 부동산을 민간인, 또는 기업들에게 넘기기 시작했다. 심지어는 1914년에 세워진 부에노

* 이런 경험의 축적으로 '연합회사'는 도시개발, 특히 항만개발에 있어 토지의 경매, 입찰 등을 성공적으로 수행했는데 이는 아르헨티나뿐만 아니라 인접한 여타 라틴 아메리카 나라들이 참고할 만한 대표적 사례로 평가받는다.

스아이레스 대학교 스포츠 캠프 같은 공공시설물도 처분할 것은 과감히 처분했다. 물론 초기 학생들이나 시민단체들의 반발이나 반대 등 여러 난관이 있었지만 '푸에르토 마데로 연합회사'는 원래 입안된 계획에 따라 계속 추진해나갔다. 당시 부에노스아이레스 시정부는 새로운 푸에르토 마데로항 개발 사업에 같은 항구도시로서 노하우를 많이 축적한 바르셀로나 시정부의 자문을 받아 옛 건물들을 부수지 않고 새롭게 살리는 리모델링 개발을 우선적으로 실시했다.

구푸에르토마데로 회사가 도시개발을 담당할 회사로 출범하자 이 지역을 개발하고 공간 활용의 구조, 교통 및 레크레이션과 같은 것을 포함하는 전체 마스터 플랜의 수립이 필요해졌다.

1991년 아르헨티나 유명 건축가들로 구성된 '중앙건축가협회'(Sociedad Central de Arquitectos)는 푸에르토마데로 프로젝트를 디자인할 수 있는 가장 적합한 건축가 협회로 인정되어 구푸에르토마데로 연합회사 및 부에노스아이레스 정부와 협약을 맺어 마스터 플랜을 담당하게 된다. 같은 해 이 협회는 이 푸에르토 마데로 항구 재개발 사업에 전 국민적 관심과 동의를 구하고 새로운 아이디어를 모집하자는 의도하에서 전국가적인 공모가 실시하는데, 이를 바탕으로 이 지역을 일신시키는 소위 "뉴플랜"이 나오게 되었다.*

이렇게 해서 탄생한 마스터 플랜의 주요 골자는 1) 보행자 산책도로와 동쪽 지구(Sector Este)와 연결된 서쪽 지구(Sector Oeste)의 부두에 있는 벽돌 건물들의 보존, 2) 보행자 산책도로를 위해서 다용도 목적으로 이용될 부두 가장자리의 동쪽 지구에 저층의 빌딩 건설, 3)

* 이 해 실시된 공모에서 아르헨티나 전국에서 총 96건의 응모했는데 이 중에서 3개의 팀이 최종 선정되었고, 각 팀에서 3명이 나와 총 9명으로 이루어진 새로운 팀이 구성되어 도시개발 계획을 담당하게 되었다.

같은 면에 고층건물 건설용으로 제2라인 수립, 4) 교차로에 두 그룹의 고층건물 건설 공간 확보, 5) 빌딩 숲을 상쇄할 수 있는 두 개의 대공원을 해안가에 건설하는 것이었다.

한편, 부두 동쪽에 건설한 총 3,033,505m²의 부지 면적은 다음과 같은 용도로 사용되도록 계획되었다. 1) 다용도 목적으로 55%, 2) 주거지 37.3%, 3) 상업지구 3.3%, 4) 시설물 건설 4.4%. 해안가에 면한 지역은 주거지 밀집지역으로 결정되었고, 부두하고 인접한 지역에는 다용도 목적의 콤플렉스 건설, 이 두 면 사이에 중간 정도의 밀집도를 가진 주거지 형성, 부두 1에 전시센터 건설, 60헥타르의 부지에 녹지공간 조성, 마요 거리(Av. de Mayo)에 중앙공원(Parque Central) 건설 등으로 되어 있었다.

한마디로, 1990년에 수립된 마스터 플랜은 푸에르토 마데로 지역을 행정, 상업, 그리고 주거 발전의 새로운 지역으로 변모시키면서 부에노스아이레스 시의 중심으로 만드는 것이었다. 이 마스터 플랜을 통해 거대한 녹색공간을 유지하고 지속적이고도 개방적인 방법으로 대지들을 활용하면서 공공장소로서의 기능에 방해를 주지 않는 상징적이고도 문화적인 건물들의 건설이 제도적으로 가능해졌다.

최초 마스터 플랜에 따르면 푸에로토 마데로 프로젝트는 부에노스아이레스를 비즈니스의 허브로 만든다는 계획을 가지고 출발했다. 당시 많은 개발업자들은 이 사업의 성공 가능성에 대해 낙관적이었는데 그 예상은 맞아 떨어졌다. 빌딩 건설 전 사전예약 제도를 채택해 시행했는데 입주율은 90%를 상회하였고 이런 강력한 수요에 힘입어 개발업자들은 막대한 이익을 올렸다. 이런 분위기에 힘입어 프로젝트가 시작된 첫 10년 동안 연간 평균 40,000m²의 면적에서 공사가 이루어지는 등 지속적인 성장을 보였다. 그러나 2001년 아르헨티나에 경제위기가 도래하면서 새로운 사업의 시행은 중단되었고, 경제위기가 오기 전에 이미 시작된 초고층건물들이 완공되면서 사무용 임대건물들을 세울 부지는 줄어들었다. 2004년, 오피스용 빌딩을 더 이상 건설할 수 없게 되자 푸에르토 마데로 프로젝트는 수정될 수밖에 없었다.

2005년 아르헨티나 경제가 다시 활기를 띠면서 새롭게 건설이 재개되었지만 건설경기가 최고조로 달했던 수치(연평균 17,000m^2)보다는 높지 않았다. 2008년, 10,000m^{2}로 최고의 수치를 드러낸 이래 2010년부터 오피스 빌딩 건설은 부지의 부족으로 줄어드는 추세다.

한편, 푸에르토 마데로 프로젝트가 진행되는 동안 건물 임대료는 계속 인상되었고, 2001년의 경제위기 때 최저의 상태를 유지하다가 2008년도에는 m^{2}당 30달러까지 치솟았다가(이 임대가는 가장 높았던 1997년의 38달러에는 못 미치지만), 2009년을 기점으로 하락한 뒤 같은 수준을 유지하고 있다.

초기 개발업자들은 주택이나 아파트 등 주거사업보다는 사무실 임대사업에 더 많은 관심을 가졌고, 그것이 순조롭게 이루어지자 임대용 건물들을 더 많이 짓기 시작했는데 이런 경향은 2000년대까지 지속되었다. 그러나 2000년대부터는 주거용 건물에 대한 건설이 눈에 띄게 늘어났다. 2001년, 아르헨티나에 불어닥친 경제위기로 인해 푸에르토 마데로 프로젝트는 전반적으로 중단되었지만, 2005년 경제가 다시 회복되면서 많은 사람들은 은행에 예금하는 대신 부동산에 투자하게 되었고 이런 상황에 부응하여 2008년에는 주거용 아파트나 건물에 대한 건설이 대대적으로 이루어졌다(330,035m^{2}의 면적), 이 해에 건설된 건물 중 2/3가 주거용이었고 나머지 1/3은 사무실이나 상업용 건물이었다.

마데로 프로젝트의 마스터 플랜의 방향이 푸에르토 마데로가 부에노스아이레스의 새로운 상업 중심지(microcentro)로 탈바꿈하도록 계획되어 있음을 고려할 때, '연합회사'의 희망은 기업들이 이 새로운 지구로 많이 입주하는 것이었다. 이미 부에노스아이레스의 전통적인 경제나 금융중심지인 카탈리나스(Catalinas) 거리나 누에베 데 훌리오(9 de Julio) 거리는 비싼 임대료 외에 건물임대가 포화 상태였기 때문에 이 프로젝트는 새롭게 임대가 필요한 기업이나 회사를 푸에르토 마데로로 끌어들이는 것을 목표로 하고 있었다. 이 계획이 순조롭게 진행되어 푸에르토 마데로에 고층 최첨단 건물들이 속속 들어서면서 많은 기업들이 이곳으로 입주를 하게 되었고 이곳에서 일하는 평균 유동인구도 거의 3만 명에 이를 정도로 늘어났다.*

한편, 주택건설이 활발해지고 또 입주자들이 대거 몰려들면서 상주인구도 600% 증가했다. 이에 고무된 연합회사는 초기의 전략을 바꾸어 개발업자들이 사무실이나 상업용 건물을 대신 주거용 건물들을 더 많이 짓도록 권장, 유도하는 정책을 시행 중이다. 현재 이 지역의 상주인구는 약 18,000명 정도로 추산되는데 이런 추세라면 거주인구는 점점 더 늘어날 것으로 보인다.**

---

* 프로젝트가 시작될 때의 유동인구는 고작 2,700여 명에 지나지 않았지만 2010년에는 유동인구가 45,000명에 이를 정도로 눈에 띄게 증가하였다.

** 프로젝트가 시작될 때 푸에로트 마데로의 상주인구는 300여 명에 지나지 않았지만 2006년에는 7,000여 명으로 증대되었다. 전문가들은 이 프로젝트가 끝날 때 이 지역의 상주인구는 약 25,000명 정도에 이를 것으로 추산한다.

미항의 탄생

푸에르토 마데로 프로젝트가 시작되고 20년 후인 2009년, 그동안 건설된 총 토지면적은 230만m²에 이른다. 상주인구는 만 6천 명으로 불었고 공적 및 민간부문이 이 사업에 투자한 금액은 이제까지 총 17억 달러에 이르는데 이 프로젝트가 완성되면 총 투자액은 25억 달러에 이를 것으로 추산되고 있다. 아파트 매매가는 아르헨티나에서 가장 부유하고 비싼 팔레르모 치코(Palermo Chico)에 이어 2위를 차지한다.

푸에르토 마데로 프로젝트가 시작된 지 20년이 되는 지금, 이 프로젝트는 공공사업을 훌륭하게 수행하고, 2001년에서 2003년 아르헨티나를 휩쓴 경제위기 및 2008년의 재정위기에도 불구하고 수많은 투자자를 불러 모았다는 점에서 성공적으로 평가받고 있다. 한편 이 개발을 통해 부에노스아이레스 시를 세계 유수의 메트로폴리탄 도시로 탈바꿈하여 아르헨티나의 경제, 문화적 새로운 상징으로 바뀌었다는 점에서 칭찬을 받고 있다. 이 프로젝트는 제9회 국제 베네치아 비엔날레에 출품되어 국제적 명성을 얻은 바 있다.

이제까지 보아왔듯이 푸에르토 마데로 프로젝트는 아르헨티나 중앙정부, 부에노스아이레스 시정부, 그리고 민간부문이 공동으로 협력하여 부동산 개발 및 도시의 재도시화를 성취한 야심찬 프로젝트였다. 아르헨티나 역사상 이런 공공부문과 민간부문이 협력하여 성공한 전례가 없음을 감안할 때 동 프로젝트의 의미는 크다. 푸에르토 마데로는 쓸모없이 방치된 지역에 새로운 도시화의 가치를 부여를 했다는 점이 중요한데 이런 국가적 차원의 경제개발에 민간자본을 끌어들이는데 성공하지 않았다면 이 지역은 아마도 이전의 상태를 유지했거나 아니면 더 뒤처졌을 것이 전문가들의 일치된 견해다.

항구의 창고 건물을 개조해 만든 고급 레스토랑들

부에노스아이레스의 맨해튼

푸에르토 마데로 재개발사업은 거의 17억 달러가 투자된, 이제까지 부에노스아이레스에서는 결코 볼 수 없었던 대규모 프로젝트 공사였다. 불도저를 밀어 새롭게 도로를 건설했고(이 도로 이름들에 라틴아메리카 유명 여류인사들의 이름을 붙인 것이 특이하다), 공원과 광장을 다시 조성했다. 또 기념비를 세웠으며 기존의 역사적 가치가 있는 건물들을 개조하고 복원했다. 이렇게 하나씩 하나씩 항구도시의 면모가 갖추어지자 이 황무지 버려진 땅에 하나씩 하나씩 서서히 은행, 기업 사무실, 쇼핑센터들이 들어서고, 레스토랑이 생기고, 아파트가 들어서서 이 지역은 거대한 규모의 상업, 주거중심지로 바뀌었다. 한 가지 특기할 만한 것은 이곳에 영화관, 디스코텍, 산책로, 요트장 등 여러 가지 다양한 문화센터 레저 시설들이 속속 세워지면서 이 지역이 어느 순간, 가장 아르헨티나적이라고 할 수 있는 새롭고도 독특한 관광명소로 변모했다는 점이다.

푸에르토 마데로 프로젝트는 아직 끝나지 않고 여전히 개발이 진행 중이다. 1999년에서 2002년 사이 경제위기로 많은 건설이 중단되기는 했지만 2003년부터 아르헨티나 경제가 회복되면서 이 프로젝트는 차질 없이 추진되고 있다. 높이가 130미터 이상이 되는 '등대타워', '리버뷰 타워'(River View Torre) 빌딩이 세워졌고, '르노와르 타워'(170미터)가 건설되었으며, 최근에 초호화 '샤토 푸에르토 마데로'라는 쌍둥이 타워빌딩이 준공되었다. 사무실용 최첨단 건물도 하루가 다르게 쭉쭉 올라가고 있다. 크라이슬러, 메르세데스벤츠, LG 같은 세계적 대기업들도 이곳에 속속 입주했다. 사람들은 이 지역을 빗대어 부에노스아이레스의 맨해튼이라고 부른다.

향후 몇 년 동안에는 호텔이 더 세워지고, 새로운 상업지구가 더 조성될 예정이며, 영화 콤플렉스 등을 포함하여 문화시설도 추가될

전망이다. 거대한 공원('아르헨티나 여성 공원'이라고 명명된)과 여러 광장들이 2005년부터 건설되고 있고 2007년 2월에 완공되었다. 라플라타 강 사이로 아르헨티나의 유명한 건축가가 디자인한 '여성의 다리'(Puente de la Mujer)는 이미 2001년 완공되어 그 날씬한 모습으로 이곳의 풍경을 더욱더 아름답게 하고 있고, 2년 전에는 이 다리에 모던하고 휘황찬란한 조명등이 수를 놓아 이 지역 야경을 더욱 화려하게 만들었다. 한편 강어귀에는 옛 해군 실습함 '사르미엔토호'(1897년 건조)가 박물관으로 바뀌어 사람들을 끌어모은다.

개발이 이루어진 이래, 이 지역은 지난 십 년 사이 관광객들이 많이 방문하는 지역이 되었고, 부에노스아이레스 시 관광 목록에는 빠지지 않고 꼭 들어가는 지역이다. 부에노스아이레스 힐튼 호텔, 파에나 호텔, 소피텔 마데로 호텔 등 최고급의 호텔들도 이곳에 들어섰다.*

그러나 우리가 이곳 푸에르토 마데로에서 가장 눈여겨 볼 것은 환경 친화적 도시의 건설이라는 점이다. 지금 푸에르토 마데로만큼 환경 보존이 잘 이루어지고 있는 대규모 공간은 없다. 엄밀하게 말해서 이곳은 단순한 공원이 아니라 풀과 나무로 뒤덮인 녹색의 이상향이다. 이곳에는 레크레이션 활동을 위한 여러 시설들이 있고, 부에노스아이레스 시민들이 언제라도 와서 놀고, 쉴 수 있는 환상적인 장소이다.**

---

* 특히 이 중에서 파에나 호텔은 젊고 야심찬 파에나라는 한 젊은이가 옛 창고건물을 싼 값에 구입하여 유명 미국인 건축가에 인테리어를 의뢰해 호텔로 개조한 뒤 지금은 부에노스아이레스에서 가장 멋지고 비싼 호텔로 바뀌었다.

** 푸에르토 마데로 프로젝트가 성공한 일면에는 산책로를 포함해 녹지 공간 조성 등 공공 서비스의 개념을 전체 건설 계획에 포함시킨 데 있다. 푸에르토 마데로 지역의 보도를 따라가면 코스타네라 수르(Costanera Sur) 환경유치 구역과 만나게

오늘날 푸에르토 마데로는 호텔, 전시 센터, 문화 및 레크레이션 공간, 공원, 사무실, 주거 콘도미니엄, 대학 캠퍼스, 레스토랑 등이 즐비해 있다. 한마디로 다용도적인 공간이라 할 수 있다. 이 프로젝트를 수행하는 데 정부의 보조금이나 재정지원은 일체 없으며 '구푸에르토 마데로 연합회사'는 자체적으로 보유한 용지를 매각하거나 또는 인프라를 구축하고 나서 들어온 수입으로 재원을 마련하고 그것을 재투자하는 식으로 프로젝트를 진행했다. 항구에 있던 많은 창고들의 리모델링도 이런 식의 독립적인 방법으로 재원을 마련해서 이루어졌고 여기에 여러 다양한 건축가들이 능동적으로 참여했다. 한마디로 푸에르토 마데로 프로젝트는 앞서 언급한 중앙적-민간 주도형의 모델로 성공적으로 추진되었고 이 지역 전체가 국가유산(Patrimonio Nacional)으로 선정되는 결과를 낳았다.

푸에르토 마데로는 오늘날 부에노스아이레스에서 가장 높은 경제적 수요를 창출하는 지역 중의 하나이다. 이 지역이 부에노스아이레스의 전통적인 중심지와 카탈리나스 노르테(Catalinas Norte) 지구와 가까이 있다는 점도 이 지역의 발전을 촉진했다. 항구 앞에 펼쳐진 거대한 녹색공간의 보존은 푸에르토 마데로를 명성 있는 특별한 장소로 만들었다. 프로젝트 초기 단계에서 보여준 성과는 유효한 것으로 평가되었다. 이 프로젝트가 특히 역사적 건물들의 보존에 가치를 둔, 도시개발의 엄격한 기준에 따라 수행되었다는 점도 높이 평가할 만하다.

된다. 이렇게 볼 때, 푸에르토 마데로 지역은 부에노스아이레스에서 가장 많은 녹지를 가지고 있다고 할 수 있다.

창고 건물을 개조한 파에나 호텔(위)과 여성의 다리(아래)

그러나 이 프로젝트 초기단계에서 이룩한 성공에 취하고 땅값과 부동산 가치가 엄청나게 폭등하면서 규정이나 기준이 종종 무시되는 경향이 있었다. 푸에르토 마데로 마스터 플랜의 마지막 단계는 동쪽의 부두를 허물고 그곳에 사무실이나 기업용 건물들을 세우는 것이었다. 그러나 이에 소요되는 용지를 확보할 목적에 부에노스아이레스의 역사문화 유산인, 분헤(Bunge)와 본(Born) 두 곡물창고가 사라졌다. 그로피우스(Gropius)와 코르뷔지에(Corbusier), 두 저명 건축가에 의해 세계적 근대 건축물로 간주되었던 이 곡물 창고들은 원래의 마스터 플랜에 의하면 보존되었어야만 했다. 그러나 이 프로젝트의 마지막 단계에서 '푸에르토 마데로 연합회사'는 이득만을 추구하는,

다시 말해 문화적 가치를 뒤로 한 경제논리 중심으로 프로젝트를 수행했다. 이런 상황에서 이 지역과 주변의 부동산 가치가 폭등하면서 호화롭고 비싼 주거용 콘도미니엄과 상업용 건물들, 국내 및 다국적 기업, 그리고 금융기관이 많이 들어서는 결과를 빚게 되었다.

그러나 이런 프로젝트의 수행과정에서 생겨진 착오와 모순에도 불구하고 관련 전문 학자들은 부에노스아이레스의 푸에르토 마데로 프로젝트를 도시의 새로운 재평가, 경제적 활력의 부여, 건축물의 새로운 변모라는 도시개발의 세 가지 주요 요소가 잘 조화된 라틴아메리카 항구 개발의 모범 사례로 제시하고 있다.

결론적으로, 이 프로젝트의 성공이 가능했던 요인으로 다음과 같은 점을 들 수 있다. 첫 번째로, 중앙정부와 시정부가 합심하여 '연합회사'를 세우고 이 회사로 하여금 통제나 간섭을 받지 않도록 일관되게 정책을 펴온 점을 들 수 있고 두 번째로는, 이 사업에 부에노스아이레스 시민, 더 나아가 이 프로젝트 시작 전부터 전체 아르헨티나인들의 동의를 구하고 이 프로젝트에 대한 국가적 공모사업을 벌여 일반시민들의 관심을 불러일으켰던 점, 세 번째로는 이 프로젝트가 기념될 만하거나 역사적 가치가 있는 건물들은(그것들이 부두의 창고가 되었건, 제분공장 건물이었건) 외관은 그대로 놔두고 내부만 개조, 리모델링하여 그대로 살린 점, 그리고 마지막으로 무엇보다도 이 항구를 개발하면서 공원, 광장, 풀밭 등 녹색이 있는 부에노스아이레스 주민이라면 누구라도 가보고 싶은 환경 친화적인 공간으로 만들었다는 점이다. 이 점은 향후 우리의 항구개발에 있어서 많은 시사점을 던져준다.

근대해양도시
: 카리브 해의 흑진주 카르타헤나

근대도시 형성과정

근대도시는 '라틴'과 '아메리카'의 만남을 통해 형성된 새로운 역사와 문화가 기록되어 남아 있는 공간이다. 1573년 스페인의 펠리페 2세(1527~1598)는 인디아스법(Las Leyes de Indias)을 선포하여 라틴아메리카의 근대도시계획을 수립했다. 도시계획은 원주민의 정치, 경제, 사회, 문화의 모든 권력이 집중된 장소의 위상을 실추시키고 스페인 식민권력의 새로운 거점지로 기능할 수 있는 공간을 창출하는 과정이었다. 16세기를 시작으로 18세기까지 라틴아메리카에는 유럽의 도시형태를 모방하여 설계된 근대도시가 대량 상품처럼 생산되었다. 이러한 과정 속에서 라틴아메리카 지역의 도시는 매우 유사한 형태를 유지하며 발전했다.

식민시기 건설된 라틴아메리카의 도시는 로마의 전통과 엑시메닉(Francesc Eximenic, 1340~1409)이 제시한 '이상도시론'을 바탕으로 고대도시의 공간적 재편성을 통해 형성되었다. 그리고 로마의 군사야영지 카스트룸(Castrum)에 기초하여 격자형으로 설계되었다. 결국 도시는 중세 유럽의 격자 형태를 도입하여 토착문화와는 상관없이 이질적이고 혼성적인 공간으로 성장하였다. 또한 고대 로마도시가 "인술라(Insula)"라고 불린 사회의 소수 특권계급의 거주공간을 마련하여 신분에 따라 공간을 분리하였듯이 라틴아메리카의 근대도시 역시 거주 공간이 신분에 따라 차등 분배되었다.

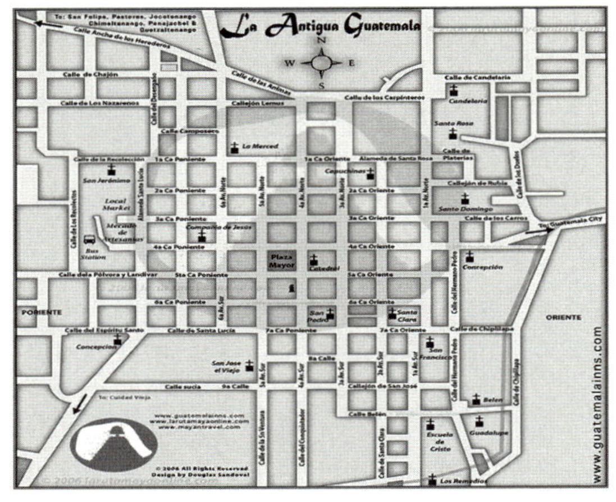

근대도시계획

한편, 도시경관은 가시적으로 과시될 수 있도록 그 외적 형태가 장식되었다. 웅장하고 화려한 건축물은 원주민들의 왜곡된 경외감을 가지게 했다. 이와 같이 라틴아메리카 근대도시는 유럽의 도시 형태를 기초로 건설되었으나 그 기능은 매우 다르게 발전했다.

라틴아메리카의 근대도시는 기능에 따라 해양도시, 행정도시, 광산도시, 농업도시 그리고 군사 혹은 종교도시로 분류해볼 수 있다. 특히 카르타헤나와 같은 카리브 해의 해양도시는 해상경제활동의 중심지로서뿐만 아니라 해적 및 외부의 공격으로부터 영토를 방어하는 군사도시로서의 이중적 기능을 수행했다.

도시계획법에 의해 건설된 근대도시는 스페인 식민 총독부 비레이나토(Virreinato)의 가장 기본적인 행정단위로서 식민경제와 정치통제의 주요 수단이 되었다. 비레이나토는 스페인 왕실이 식민영토에 대한 직접적인 통치를 목적으로 형성한 영토행정체계를 말한다. 스페인에 의해 정복된 거대한 영토는 16세기 말 멕시코를 포함 중앙아메리카를 관할하던 누에바 에스파냐(Nueva España) 비레이나토와 리마를 수도로 남미지역을 통제하던 페루 비레이나토로 양분되었다. 이후 18세기 콜롬비아의 누에바 그라나다(Nueva Granada) 비레이나토와 아르헨티나 중심의 라 플라타(La Plata) 비레이나토가 완성됨에 따라 식민영토는 4개의 비레이나토로 분리되어 통치되었다.

비레이나토에는 11개의 아우디엔시아(Audiencia)가 하부조직으로 운영되었다. 이후 아우덴시아에서 분리되어 군사적 기능을 강화한 카피타니아(Capitania)가 형성되었다. 이러한 비레이나토를 중심으로 정비된 식민행정체계는 고대 원주민 사회의 행정체계를 기초로 완성되었으며 독립 이후 라틴아메리카지역 국경선의 기원이 되었다.

식민행정체계

16세기를 시작으로 17세기까지 100년 동안 스페인의 식민건설은 정점에 달했다. 식민건설은 질서정연한 도시계획의 수립과 함께 추진되었다. 1515년 정복자들은 카리브 해 앤틸 제도 대부분을 점령했다. 이들은 우선 에스파뇰라(Isla de Española) 섬 남쪽 도미니카공화국(República Dominicana)의 산토도밍고(Santo Domingo)를 수도로 정하고 쿠바의 페르난디나(Fernandina), 자메이카(Jameica)의 산티아고(Santiago) 그리고 푸에르토리코(Puerto Rico)의 보리케(Borique)에 정착했다. 이후 소 앤틸 제도인 소타벤토(Sotavento)와 바를로벤토(Barlovento)로 이동하여 현재의 베네수엘라(Venezuela)의 쿠바쿠아(Cubacua), 쿠마나(Cumaná)그리고 코로(Coro)까지 영토를 확장했다.

카리브 해 앤틸 제도 주요국가

중앙아메리카의 경우 1519년 코르테스(Hernàn Córtes)에 의해 오늘날 멕시코시티에 해당하는 아즈텍(Azteca)제국의 수도 테노치티틀란(Thenochititlán)이 붕괴되었다. 이후 정복자들은 파나마(Panamá), 니카라과(Nicaragua), 코스타리카(Costa Rica)와 온두라스(Honduras)를 차례로 점령하였다. 16세기 중반 스페인 왕실은 점령한 영토를 효과적으로 통제하기 위해 행정체계를 정비했다. 1511년 도미니카공화국의 산토도밍고, 1521년 파나마, 1548년 멕시코의 과달라하라(Guadalajara) 그리고 1543년 과테말라(Guatemala)에 각각 아우디엔시아(Audencia)를 형성하여 운영하였다.

남미의 경우 피사로(Francisco Pizarro)의 지휘 아래 파나마로부터 페루(Perú)에 입성한 정복자들은 피우라(Piura) 쿠스코(Cuzco), 투루히요(Trujillo), 아레키파(Arequipa)와 같은 주요 도시 건설과 함께 잉카제국을 정복했다. 쿠스코를 전진기지로 스페인의 남미식민화는 가속화 되었다. 정복자들은 볼리비아(Bolivia)의 안데스 평원과 아르헨티나(Argentina)의 북서쪽, 칠레(Chile), 그리고 콜롬비아와 베네수엘라 해안을 통해 에콰도르의 키토(Quito de Ecuador)를 정복하였다. 1530년을 기점으로 카라카스(Caracas), 보고타(Bogotá), 리마(Lima), 라파스(La Paz) 및 산티아고(Santiago)와 같은 주요 도시가 건설되었다. 그리고 스페인 본국과 식민지 라 플라타 강(Rio de la Plata)을 왕래할 수 있는 기지로서 1537년 아순시온(Asunción)과 1536년 부에노스아이레스(Buenos Aires)에 도시가 완성되었다. 식민영토의 행정체계는 도시건설을 통해 17세기 이전 이미 정비되었다.

중앙아메리카 지도

페루 비레이나토 주요도시

근대도시계획

카리브 해의 경우 콜럼버스(Cristobal Colón)에 의해 도미니카공화국 산토도밍고에 최초의 항구도시가 건설되었다. 스페인 왕실은 정복자에게 일정한 권한을 부여한 허가증인 카피툴라시온(Capitulación)을 발급했다. 식민영토에는 카피툴라시온이 있거나 혹은 왕실의 허가를 받은 사람만이 정착할 수 있었다.

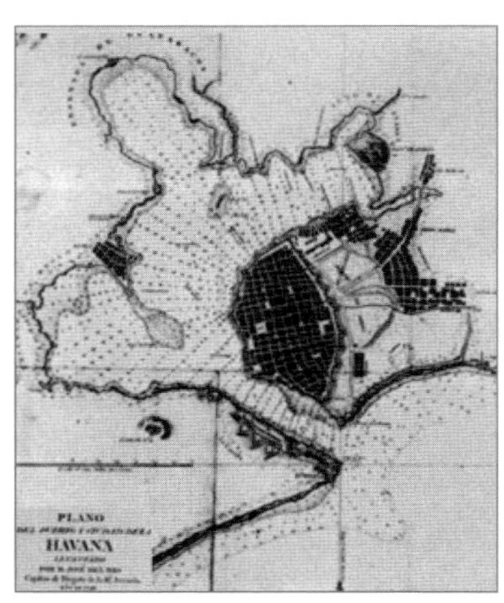

아바나 근대 도시계획

카르타헤나 근대도시계획

1502년 산토도밍고에 부임한 첫 번째 통치자 오반도(Fray Nicolás de Ovando)는 도시계획을 수립했다. 오반도의 도시는 로마의 카스트롬 형태를 수용한 격자형이 중심이었다. 도시는 지속적인 직사각형을 유지하고, 도시 중앙은 행정의 중심지로서 광장, 성당 그리고 시청과 같은 상징적이고 공적인 건물들이 배치되었다. 오반도의 도시계획을 바탕으로 도미니카공화국의 산토도밍고 그리고 쿠바의 아바나, 멕시코의 베라쿠르스(Veracruz)와 캄페체(Campeche), 콜롬비아의 카르타헤나와 산타 마르타(Santa Marta) 같은 해양도시가 건설되었다.

1535년 누에바 에스파냐의 총독으로 부임한 멘도사(Antonio de Mendoza)는 군사적 목적을 중심으로 거리 폭과 채광 그리고 통풍에 역점을 두고 도시를 설계했다. 도시는 모든 건물이 동등하게 채광을 유지할 수 있도록 건물의 높이를 제한했으며 또한 이탈리아 르네상스 건축가 알베르티(Leon Battista Alberti, 1404~1472)의 영향을 받아 르네상스주의에 기초한 격자형 도시 형태를 기본으로 하였다.

1573년 펠리페 2세에 의해 세분화되고 구체화된 도시계획이 수립되었다. 새로운 도시계획은 도시입지 선정에 관한 사항이 명시되었다. 새로운 도시계획법은 대광장의 위치, 거리의 형태와 규모, 채광 및 거리도 인도와 대로로 세분화하여 규정했다. 해안 도시는 항구 혹은 선박운영을 고려하여 설계되었다. 더운 지방과 추운지방의 거리 폭과 방향도 제시되었다. 이러한 기준을 적용하여 1590년 이태리 건축가 안토넬리(Juan Bautista Antonelli, 1550~1616)에 의해 누에바 베라쿠르스(Nueva Veracruz), 멕시코시티, 바야돌리드(Balladoliod), 과달라하라, 산 루이스 포토시(San Luis Potosí), 푸에블라 데 로스 앙

헬레스(Puebla de los Angeles) 그리고 쿠바의 산티아고 같은 도시가 설계되었다.

소칼로광장(멕시코)

근대도시의 특징

스페인 왕실은 식민 영토를 효과적으로 통제하기 위해 도시건설에 주력했다. 도시의 기능은 그 무엇보다도 경제적 기능이 우선되었다. 특히 카리브 해 지역 해양도시는 식민권력이 식민화를 가속화하려는 의도와 함께 풍부한 지원을 확보하고자 하는 경제적 야욕이 중심적인 동기로 작용했다.

항구를 통해 식민지와 스페인 모국은 단일체계로 연결되기 시작했다. 식민지와 유럽을 연결하는 해상교통의 중심지로서 멕시코의 베라크루스와 페루의 가야오(Callao)와 같은 항구가 형성되었다. 또한 스페인 왕실은 쿠바의 아바나, 콜롬비아의 카르타헤나(Cartagena) 그리고 푸에르토리코의 산후안(San Juan)의 지리적 위치를 감안하여 세계적인 해양도시를 건설하였다. 1514년 건설된 쿠바의 아바나는 중미와 남미의 모든 생산품을 식민모국으로 이송하는 역할을 담당했다. 그리고 콜롬비아 카리브 해 연안에 위치한 카르타헤나는 남미 해상무역의 중심지로서 중미와 남미 그리고 유럽을 연결하는 대서양 삼각무역의 중추적 역할을 담당했다.

경제적 기능과 함께 스페인 왕실에 의해 건설된 도시는 지배와 사회통제를 위한 기구 및 제도가 포함되어 있었다. 도시는 식민행정의 중심지로서 모든 세력들을 통제하고 새로운 규율을 유지하기 위한 종교적, 행정적 그리고 교육적 기능을 담당했다. 도시의 구조는 식민 권력의 기능과 밀접하게 연관되어 있는 것이다.

옛 잉카제국의 수도 쿠스코(페루)

도시의 건축 환경에서 정부기구 및 사회통제 제도들도 명백히 드러난다. 도시 중앙에는 우선적으로 교회, 세관, 법원, 시의회 등 사회질서 유지를 위한 건물들이 배치되었다. 새로운 건축물을 통해 새로운 사고와 도덕적 질서가 확립되었다. 그리고 지배세력은 특권을 유지하기 위해 새로운 공간규율에 순응하며 살아가는 이상적인 시민상을 만들어나갔다.

대부분의 라틴아메리카 근대도시는 유사한 형태의 건조 환경을 유지하고 있다. 스페인 식민통치시기 건설된 도시는 권력과 특권을 유지하기 위한 공간 규율이 건축형태에 철저히 반영되었다. 따라서 도시는 지배세력의 우월을 과시하는 상징적 건축물과 함께 식민화를 구체적으로 실현한 공간이라고 볼 수 있다.

고대 원주민도시 마추피추(페루)

한편, 근대도시는 스페인제국주의 침략을 통하여 근대적인 공간규율이 유입되었다. 원주민이 건설한 도시의 공간적 개념은 자연의 법칙에 순응하는 자연 의존적인 것이었다. 공간에 대한 개념은 자연숭배 신앙 및 우주관등이 반영되어 형성되었다.

그러나 근대도시는 문명의 상징이었으며 스페인 백인문명의 우월감에 입각하여 식민지 원주민들에 대한 분리라는 사회권력 관계로부터 고안되었다. 중세 유럽의 건축양식을 모방하여 웅장하게 세워진 건축물들은 문명으로 간주되었다. 그리고 새로운 공간개념의 도입을 통해 인종에 따라 엄격한 공간적 분리와 격리가 반영되었다. 식민시기 수립된 도시계획은 식민권력의 지배 이데올로기를 공간적으로 구현한 것이라고 볼 수 있다.

과나후나토 후아레스극장(멕시코)

라틴아메리카의 도시 공간은 사회적 신분에 따라 주거지가 결정되었다. 광장 주변은 스페인 왕실이 파견한 관리인 페니술라레스(Peninsulares)와 대지주 엔코미엔데로스(Encomienderos) 그리고 아센데

로스(Hacienderos)들이 거주했다. 인종에 따른 엄격한 공간적 분리와 격리는 라틴아메리카 근대 도시의 가장 두드러진 특징이다.

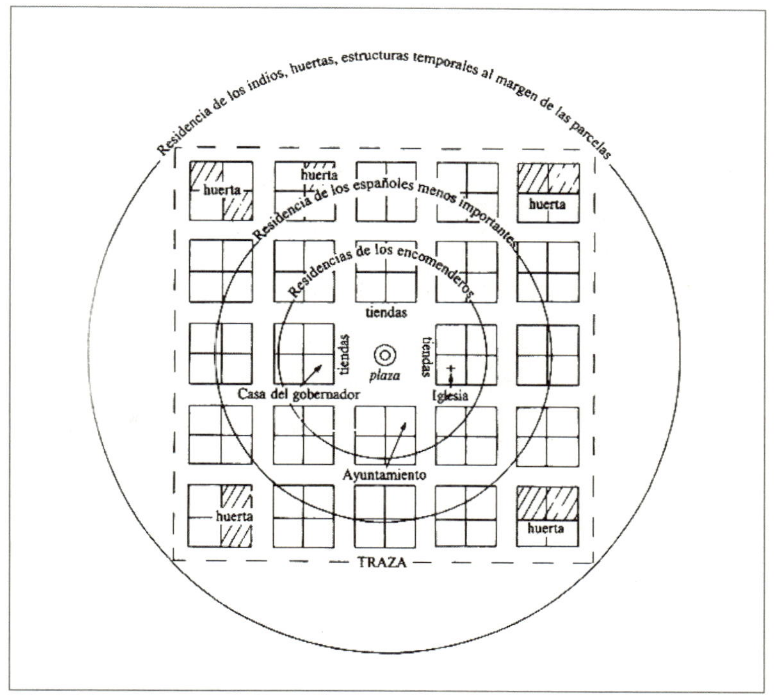

도시의 공간분배구조

사회와 문화적으로도 17세기 중반까지 중심도시에는 몇 세대에 걸친 부유한 상류사회가 확립되었고, 스페인 전통을 따른 저택들이 건설되었다. 저택은 안뜰이 동반되었고, 집의 중요 정도에 따라 안뜰의 크기와 규모가 결정되었다. 스페인 정복자들이 성공적으로 정착한 지역에서 이러한 안뜰을 갖춘 저택들이 밀집되어 건축되었다. 도시의 인구는 경제적 발전에 따라 증가하였고 인종과 신분에 따라 거주지가 결정되었다.

스페인풍의 건축양식(콜롬비아 보고타의 칸델라리아)

도시는 무엇보다도 중앙광장과 교회의 위치에 대한 중요성이 강조되었다. 광장은 새로운 도시 건설의 기념비적인 장소였다. 광장주변에 건설된 근대적 건축물은 외부로부터 이식된 지배 문화였다. 중심광장에는 외형이 화려하게 장식된 건축물이 상징처럼 건축되었다. 광대한 면적이 할당된 광장에는 교회를 포함하여 부와 권력을 상징하는 기념비적인 건축물이 세워졌다. 거리는 정돈된 형태의 격자형으로 통일감을 유지했다. 대광장의 토지는 개인에게 분배되지 않았고 광장의 건축물들은 단지 교회와 식민정부청사 및 공적인 성격의 건물과 상업용 건물만이 허용되었다.

근대도시화는 매우 빠른 속도로 진행되었다. 16세기 혼혈인구 증가와 함께 1580년 대략 230개의 주요 도시가 건설되었고 1630년에는 330개의 도시가 완성되었다. 16~17세기 형성된 라틴아메리카 도시의 형태는 스페인령 아메리카 모든 도시계획에 적용되어 대량생산되었으며 지금까지도 그 형태는 유지되고 있다.

근대해양도시

식민정복자에 의해 건설된 근대도시는 식민영토에 대한 스페인 왕실의 지배력 강화에 바탕이 되었다. 도시는 권력과 기술, 그리고 지식이 통합적으로 반영된 새로운 공간이었다. 카리브 해 해양도시 역시 유럽의 전통을 이어받아 그 외적 형태를 확장하여 적용하였다. 또한 식민권력의 경제력 확대를 위한 기능에 역점을 두고 발전했다. 카르타헤나, 산토도밍고 그리고 아바나는 이러한 특징을 대표하는 스페인령 카리브 해 근대 해양도시이다.

카리브 해 해양도시는 스페인 왕실이 라틴아메리카 정복의 발판으로 삼아 도로, 항만을 이용하여 식민화를 가속화하려는 의도로 설계되었으며 풍부한 지원을 확보하고자 하는 경제적 기능이 강조되었다. 16세기 중반 이미 주요 도시는 건설되었고 스페인 식민권력은 카리브 해안을 통제할 수 있는 기초를 완성하였다.

카리브 해 지역 영국령과 스페인령 식민지에서는 중세유럽의 모델을 바탕으로 도시를 건설하였으나 결과적으로 매우 다른 형태로 발전했다. 스페인령 식민지의 경우 도시계획에 있어서 중앙광장의 중요성이 무엇보다도 강조되었다. 그리고 영국령 도시와는 달리 주요 도로에는 아케이트가 있고, 광장 주변을 중심으로 교회와 수도원, 세관과 법원 등 공적인 성격의 건물이 건설되었다.

스페인 식민정복자들은 아메리카대륙의 광산소유를 통해 막대한 부를 소유할 수 있었다. 이와 달리 영국 식민정복자들은 19세기 이전까지 스페인정복자들이 소유한 부에는 접근할 수 없었다. 그리고 영국령 식민지에는 스페인 식민총독만큼 거대한 영토를 지배하고 사치스런 생활을 영위하던 통치자는 존재하지 않았다. 더욱이 스페인령 해양도시는 영국령 도시보다 100년을 앞서 건설되었다.

한편, 스페인 왕실은 식민영토를 비레이나토, 아우덴시아 그리고 카피타니아 같은 행정체계를 바탕으로 통치했다. 또한 식민정복참여자(Adelantados)의 식민지 정착은 법에 따라 진행되었다. 식민정복참여자는 왕실이 발급한 일종의 허가증인 카피툴라시온을 통해 식민사업에 참여할 수 있었다. 식민사업에 대한 권한은 왕실의 허용범위 내에서만 가능했다. 식민지 정착과정에서 스페인 왕실은 법과 제도를 통해 식민정복참여자를 효과적으로 통제할 필요가 있었다. 따라서 왕실은 식민영토 정착에 관한 특수조항을 마련하여 통치자(Gobernadores)와 정복참여자를 동일한 수준으로 통제했다. 이와 같은 규정은 영국의 아메리카대륙 식민화과정에서는 볼 수 없는 특징이었다.

16세기 중반 카리브 해 영토를 둘러싸고 유럽열강의 경쟁이 가속화되었다. 영국, 네덜란드 그리고 프랑스를 중심으로 대서양 횡단 스페인 상선에 대한 직접적인 공격이 확산되었다. 한편 내부적으로는 도주한 흑인노예들을 중심으로 전개된 반식민운동과 원주민의 저항이 전개되었다. 따라서 스페인령 카리브 해 지역은 안팎으로 위협에 직면했다. 이러한 상황에서 스페인 왕실은 무엇보다도 외부의 공격에 효과적으로 대처할 수 있는 기능에 역점을 두고 도시를 재정비하였다.

스페인 왕실은 카리브 해 도시의 지리적 특성을 반영하여 전략적인 장소에 요새를 구축했다. 요새는 식민경제의 원활한 운영을 위해서라도 매우 중요했다. 이러한 과정 속에 건축된 카리브 해 요새는 군사적 기능뿐만 아니라 도시의 미관이 고려되어 설계되었다. 스페인령 카리브 해 요새는 르네상스의 기술과 디자인을 바탕으로 군사적 기능과 함께 식민경제의 확대를 목적으로 건축된 것이다.

카르타헤나의 산 펠리페 성(콜롬비아)

카리브 해 도시는 식민모국과 식민지를 이어주는 연결고리로서뿐만 아니라 외부의 공격으로부터 영토를 보호하는 군사적 기능을 담당했다. 식민화 초기부터 대서양은 서로 다른 두 세계가 만나는 곳이었다. 스페인 식민정복자들은 에스파뇰라 섬에 아메리카 최초의 도시 산토도밍고를 건설하여 해상활동을 주력했다. 이후 푸에르토리코의 산후안 그리고 쿠바의 아바나에 도시를 건설하여 카리브 해 식민지와 스페인 모국 사이의 연결고리를 강화하였다.

캐리비언 해적 그리고 요새

1519년에 파나마에 건설된 도시는 스페인의 남미 점령과 식민화를 위한 전초기지로 활용되었다. 그리고 중미와 연결하여 남미로 팽창할 수 있는 발판이 되었다. 파나마를 시작으로 정복자들은 콜롬비아의 과히라 반도(Peninsula de Guajira), 베네수엘라 그리고 카리브 해 가이아나(Gayana)까지 진입했다. 이러한 식민화 과정에서 항구가 건설되었다. 16세기 초 도시 건설을 통해 스페인령 카리브 해 지역은 식민행정의 기초가 완성되었다.

카리브 해 지역을 둘러싸고 유럽열강은 스페인령 아메리카 영토에 대한 공격을 감행했다. 스페인 식민권력은 영토보호를 위해 카리브 해 도시의 중요성을 인식했다. 왕실은 아바나, 산후안, 카르타헤나 그리고 파나마에 요새를 건설하여 도시방어에 주력했다. 요새구축은 군사적 목적뿐만 아니라 원활한 해상경제활동을 위해서라도 매우 중요했다.

카리브 해 지역은 아메리카의 부를 확보하기 위한 세계열강의 각축장이 되었다. 특히 영국은 군사기지를 구축하여 대서양을 횡단하는 스페인 상선에 대해 무력공격을 감행했다. 이에 대응하여 스페인 왕실은 상선에 대한 방어기능을 강화했다. 1521년 스페인 상선은 무장경비원을 동반한 초보적 수준의 수비체계가 형성되었다.

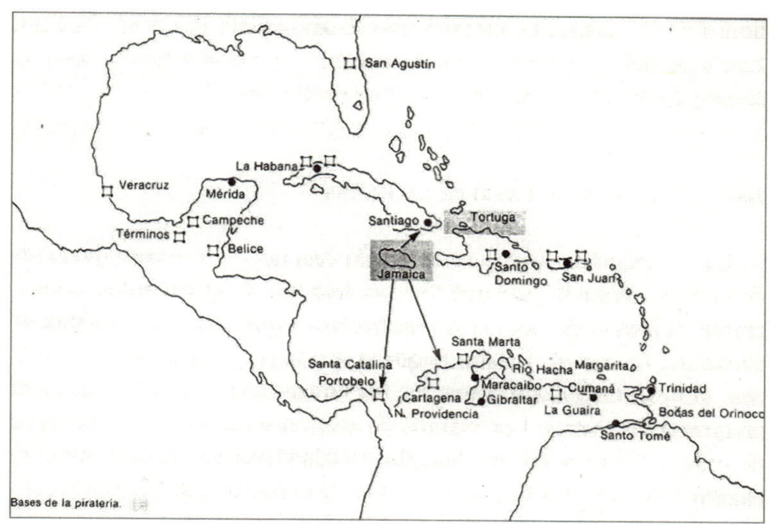

16세기 카리브 해 지역 해적 활동의 중심지

그러나 이러한 수비는 일부 상선에만 활용되어 적의 공격에 효과적으로 대응하지 못했다. 따라서 1526년 스페인 왕실은 대서양을 횡단하는 모든 상선을 대상으로 수비체계를 의무화했다. 대서양무역을 통해 카리브 해 도시는 군사적 기능의 중요성이 인식되었다. 대서양 횡단무역은 펠리페 2세에 이르러 갈레온(Galeón) 상선을 중심으로 강화되었다. 그리고 해상무역은 왕실의 중앙집권적 통제하에 운영되었다. 카리브 해 도시의 방어는 경제적 측면에서도 더욱 강조되었다.

스페인 왕실은 카리브 해 영토에 대한 방어를 목적으로 요새구축에 주력했다. 그러나 영국을 포함한 유럽열강은 영토점령을 위한 전쟁보다는 빠르고 안전하게 자원을 확보할 수 있는 해적활동에 관심을 기울였다. 1530년과 1555년 프랑스는 스페인 왕실의 내부 분쟁을 이용하여 스페인 식민지를 공격했다. 영국은 1562년 해적활동을 통해 스페인령 식민지의 자원을 확보해 나아갔다.

해적들의 활동은 스페인 카리브 해 식민도시 방어체제의 문제점이 있음을 의미했다. 스페인 왕실은 카리브 해 도시의 지리적 특성을 고려하여 독창적인 요새 구축에 주력했다. 요새는 전략적으로 수심이 깊거나 외부의 공격이 빈번하게 발생하는 곳에 구축되었다. 그리고 르네상스의 기술과 디자인을 수용하여 기능적으로 수정 보완되어 완성되었다.

카르타헤나 산 펠리페 성(콜롬비아)

중세 유럽의 요새의 특징을 적용하여 광장의 기능은 강화되었고 광장은 적의 공격을 방어하면서 독립적인 공간으로서 활용되었다. 또한 아바나와 카르타헤나에 건설된 요새는 군사적 기능이 강조된 독립된 공간이라는 개념에서 벗어나 도시의 미관이 고려되어 설계되었다. 1550~1650년 스페인 식민권력에 의해 구축된 카리브 해 항구 도시의 요새는 도시와의 조화를 고려해 면적도 르네상스의 전통에 따라 구축되었다

이와 같이 16~18세기 말 형성된 카리브 해 도시는 대서양 무역과 식민영토방어라는 이중적 기능을 수행했다. 요새는 군사와 경제적 목적을 위해 스페인 왕실의 지휘 아래 구축되었다. 베네수엘라의 마가리타 섬(Isala de Magarita)과 쿠마나(Cumaná) 해안의 산티아고 데 아라야(Santiago de Araya) 성, 쿠바의 산티아고(Santiago) 성, 온두라스의 산 훼르난도 데 오모아(San Fernando de Omoa) 성 그리고 파나마 포르토벨로(Portobelo)에 건설된 성은 도시미관을 고려하여 설계되었다. 한편, 멕시코의 산 아구스틴 데 플로리다(San Agustín de la Florida), 베라쿠르스, 산 프란시스코 데 깜페체(San Francisco de Campeche)와 쿠바의 아바나, 도미니카공화국의 산토도밍고, 푸에르토리코의 산후안, 그리고 콜롬비아의 카르타헤나에 구축된 요새는 도시형태에도 결정적인 영향을 미쳤다.

카리브 해의 흑진주

카르타헤나 시내 중심의 야경

16세기를 시작으로 스페인의 라틴아메리카 식민건설은 정점에 달했다. 식민건설은 질서정연한 도시건설과 함께 추진되었다. 스페인령 카리브 해 지역은 유럽의 도시형태를 모방하여 군사적 기능이 강화된 해양도시가 건설되었다. 로마의 카스트룸(Castrum) 형태를 수용하여 도시는 격자형의 외형을 유지했다. 그리고 중앙에는 광장과 성당 등 상징적이고 공적인 건물들이 배치되었다. 식민권력에 의해 형성된 근대해양 도시는 이러한 동일한 형태를 유지하며 발전했다. 콜롬비아의 카르타헤나, 도미니카공화국의 산토도밍고 그리고 쿠바의 아바나는 카리브 해의 근대 해양도시를 대표한다. 이러한 도시의 형태와 건축은 식민시대로부터 유래된 전통을 그대로 유지하고 있다.

라틴아메리카 근대해양 도시 중에서도 특히 카르타헤나는 남미와 스페인을 연결하는 해상무역의 중심지였다. 식민시기 페루를 포함하여 안데스 산맥 지역 국가에서 생산된 금과 은 그리고 석탄을 비롯한 다양한 자원이 이곳을 통하여 유럽으로 운반되었다. 그리고 스페인의 세비야(Sevilla)와 카디스(Cádiz) 항을 출발하여 쿠바의 아바나(Habana)를 거쳐 남미로 귀환하던 상선들은 카르타헤나에서 잠시 머물러 휴식을 취했다. 카르타헤나는 식민지와 스페인을 연결하는 대서양 무역의 중추적 역할을 담당했다.

이와 동시에 카르타헤나는 카리브 해 영토를 둘러싸고 유럽의 열강과 패권을 겨누던 스페인에게 경제와 군사적으로 중요한 위치를 차지했다. 또한 아프리카로부터 강제 유입된 흑인노예들을 인근 국가로 이송하던 곳으로서 남미노예무역의 중심지이기도 했다.

카르타헤나의 대중식당과 음식

이와 같은 역사적 발전 과정을 통해 카르타헤나는 남미에서도 아프리카에 뿌리를 둔 인종이 가장 많이 분포되어 있는 주요 도시로 꼽힌다. 그리고 아프리카의 문화적 색채가 곳곳에 기록처럼 남아 있는 역사적 장소이기도 하며 그래서 나는 카르타헤나를 카리브 해의 흑진주라고 부른다. 아프리카로부터 많은 흑인노예가 유입된 사탕수수 재배의 중심지로서 파편화된 아프리카의 기억들이 모여 독창적인 문화를 발전시킨 도시이기 때문이다.

카르타헤나 거리의 춤 공연

카르타헤나는 콜롬비아 카리브 해 연안에 위치한 해양도시이다. 볼리바르(Bolívar) 주의 수도이며 1533년 6월 1일 스페인 정복자 페드로 데 에레디아(Pedro de Heredia)에 의해 건설되었다. 성으로 둘러싸인 도시는 1959년 콜롬비아 정부에 의해 국가유형문화재로 지정되었고 1984년 유네스코가 세계인류문화유산으로 인정한 유서 깊은 도시이다.

카르타헤나의 성과 조화를 이룬 도시경관

카르타헤나의 위치

카르타헤나에 최초로 들어온 유럽인은 세비야(Sevilla) 출신의 로드리고 데 바스티다(Rodrigo de Bastidas)였다. 그는 콜럼버스의 첫 번째 아메리카 탐험에 동행한 인물이다. 로드리고 데 바스티다를 통해 카르타헤나가 유럽에 알려졌다. 이후 1503년 왕실의 허가증을 발급받아 이곳에 들어온 정복참여자 후안 데라 코사(Juan de la Cosa)는 스페인의 카르타헤나 데 레반테(Cartagena de Levante) 만의 이름을 빌려 새로운 땅에 카르타헤나라는 지명을 사용했다. 그때부터 이곳은 카르타헤나라고 불렸다.

스페인 왕실은 정복참여자에게 새로운 땅에 도시 건설을 의무화했다. 그리고 도시의 명칭은 모국의 지명이거나, 정복자의 이름 혹은 왕과 가톨릭 성인의 이름만을 사용하도록 법으로 규정하였다. 이러한 과정을 통해 스페인 왕실은 광활한 영토를 소유해나갔다. 카르타헤나는 정복자 페드로 데 에레디아에 의해 건설되었고 도시 건설과 함께 카르타헤나의 식민체제는 확립되었다.

라 마투나 지역 주민

한편, 카르타헤나는 영웅의 도시로 불린다. 식민시기 스페인이 영국과의 전투에서 승리한 곳이 카르타헤나였다. 또한 이곳은 식민노예제에 대한 조직적인 저항운동을 통해 콜롬비아 독립운동의 밑거름이 되었던 곳이기도 하다. 카르타헤나의 헷세마니(Getsemaní), 라

마투나(La Matuna) 그리고 피에 데라 포파(pie de la popa)는 식민시기 가장 중요한 지역이다. 도시를 대표하는 흑인밀집지역 헷세마니는 1811년 콜롬비아 최초로 독립의 함성이 시작된 곳이다. 또한 성 부근에 위치한 라 마투나 지역은 현재 금융, 관광, 교육, 문화의 중심지로 변모했으나 식민시기 도시 방어의 군사적 기능을 담당하던 주요한 곳이었다.

피에 데라 포파 지역은 카르타헤나의 특권계층이 거주하던 곳으로 거리는 유럽풍의 대저택들이 즐비하게 늘어서 지난 과거의 부를 되돌아보게 한다. 식민의 역사적 유산이 가장 많이 남아 있는 곳이다.

카르타헤나의 거리 풍경

스페인 정복 이전 카르타헤나에는 다양한 부족이 거주했다. 그중에서도 카리브 해 연안 북동쪽에 정착한 와이우족(Wayuu)은 오늘날 콜롬비아 최초의 인류공동체로 알려져 있다. 고고학자들은 와이우 부족이 생활하던 지역에서 발견된 도자기와 생활용품이 대략 기원전 4000년경에 제작되었을 것으로 추정하고 있다. 아메리카에서 가장 오래된 도자기인 셈이다.

카리브 해 연안에 정착한 아라왁족(Arawak)과 산타마르타 네바다 산맥의 타이로나족(Tayrona)은 볼리바르 주의 대표적인 원주민 부족이다. 이들은 칩차(Chibcha) 언어를 사용한 것으로 알려져 있다. 칩차 문명은 콜롬비아를 중심으로 안데스 산맥 동쪽 지역에서 성장한 남미고대문명이다.

한편, 카립족(Karib)의 일부인 칼라마리족(Kalamari)은 현재 카르타헤나의 피에 데라 포파 지역을 중심으로 정착했다. 에레디아의 스페인 식민화 과정 속에서 정복자들에 의해 카립이 카리브로 불렸고 카리브라는 명칭은 이때부터 사용되었다. 칼라마리 부족은 에레디아에 의해 정복되었고 카르타헤나는 식민사회로 변모하였다.

영국 해적과 네덜란드군은 카르타헤나를 빈번하게 침략했다. 스페인 왕실은 카르타헤나의 지리적 특성을 감안하여 세계적인 항구 건설과 함께 요새를 구축했다. 16세기 중반 보케론(Boquerón)과 칼레타(Caleta) 성이 건설되었다. 그러나 1586년 영국 해적의 공격으로 파괴되었다. 이를 계기로 1595년 식민도시에 대한 스페인 왕실의 요새 구축은 본격화되었다. 보카그란데(Bocagrande) 지역의 방어기능이 강화되었고, 보케론 성 보존을 시작으로 도시 외곽에 위치한 헷세마니 섬과 도시 중심을 연결하는 교량이 건설되었다. 1599년 말 격자형 도로와 도시주변이 성곽으로 둘러싸인 도시계획이 수립되었다.

17세기 유럽의 바로크식 건축양식에 따라 카르타헤나의 요새가 건축되었다. 요새는 선박의 접근이 용이한 넓은 하구 방어 기능에 중점을 두었다. 보카그란데와 보카치카(Bocachica) 부근은 가장 안전한 방어체계가 형성되었다. 성곽으로 둘러싸인 도시 방어는 헷세마니, 만사니아(Mazanilla)와 망가(Manga) 섬까지 연장되었다. 이러한 방어체계를 통해 도시 외곽의 안전까지 가능해졌다. 그럼에도 불구하고 빈번한 해적의 공격은 도시 방어체계에 문제가 있음을 드러냈다. 스페인 왕실은 신기술을 도입하여 요새 개축에 박차를 가했다. 그 결과 스페인식민정부는 1741년 도시를 공격한 영국군 에드워드 베론(Edward Vernon)을 무기력하게 만들었다.

카르타헤나 노점 기념품

영국과의 무력분쟁 이후 카르타헤나는 정치와 군사적으로 매우 중요한 위치를 차지했다. 왕실은 도시를 재정비하여 도로와 건물을 확장하였다. 이를 계기로 인근 지역으로부터 이주민이 증가했으며 도시중앙에는 특권과 부를 상징하는 대저택이 건축되었다. 1756년 이후 카르타헤나는 난공불락의 도시로 알려졌다.

베네수엘라의 카라카스
: 라틴아메리카의 근대를 열다

카라카스는 어떤 도시인가?

카라카스는 2011년 현재 인구가 약 3백만 명으로, 베네수엘라의 수도이다. 베네수엘라는 2014년 현재 일인당 GDP가 약 만 3천 달러인 국가이다. 총 23개의 주로 이루어져 있다. 베네수엘라의 인구 구성은 스페인, 원주민, 그리고 아프리카계 주민들의 혼혈인이 주이다. 인구의 약 96%가 가톨릭 신자이다. 베네수엘라 국기의 디자인은 독립영웅 중의 하나인 프란시스코 미란다 장군의 영감에서 온 것이라고 한다. 국기 가운데의 7개 별은 1811년 독립선언문에 서명을 한 7개 주를 상징한다.

베네수엘라(Venezuela)

베네수엘라는 이웃나라 콜롬비아와 함께 '미인의 나라'로 유명하다. 실제로 필자가 거리를 다니다가도 눈이 번쩍 뜨이는 미인들을 많이 보았다. 국립 센트럴 대학교 부근의 어느 카페에서 만나 친절하게 대화를 나누고 도움을 받기도 했다.

카라카스의 젊은 미인 ©안태환

카라카스의 수호성인은 야고보이다. 해발 900미터의 도시이고 인접 시가 5개가 있다. 멕시코, 콜롬비아, 볼리비아, 에콰도르 등의 수도와 같이 고도가 매우 높지도 않고 시내 가운데 산을 가지고 있으며 약간 떨어진 곳에 바다도 있어 매우 쾌적하고 시원한 날씨를 보여준다. 겨울에도 그렇게 춥지 않고 여름에도 상대적으로 견딜 만한 더위를 가지고 있다.

1492년 콜럼버스는 첫 번째 항해에서 지금의 바하마에 해당하는 작은 섬을 발견하였을 뿐이고 쉽게 라틴아메리카 대륙에는 접근하지 못했다. 결국 스페인 사람들은 1498년에 베네수엘라의 해안을 발견했다. 이 당시 카리브 해 연안의 원주민들이 살고 있었다. 스페인 사람들이 대륙에 접근한 첫 번째 사건이었다. 그리고 1567년에 디에고 데 로사다와 약 40명에 의해 카라카스가 정복되었지만 그 후 천천히 식민화가 진행되었고 1578년에 카라카스와 인접지역을 평정하였다. 원주민들의 저항이 계속되었기 때문이다. 카라카스라는 이름은 현재 도시의 북쪽에 연한 바닷가 골짜기에 살던 원주민 종족으로부터 온 것이다. 식민지 시기 동안 베네수엘라보다 콜롬비아의 보고타가 더 중요한 도시였다. 베네수엘라에는 스페인 본국이 좋아하던 금, 은 등의 귀금속 광물도 없었고 "누에바 그라나다"부왕청의 소재지가 보고타였으므로 카라카스는 군사적 의미가 더 강한 도시였다. 카라카스 외곽은 깎아지른 절벽으로 해적에 대한 요새의 성격을 지녔다. 해적이 쳐들어왔기 때문이다.

식민지 시기 대부분의 라틴아메리카 도시들이 그렇듯이 카라카스도 스페인 사람들이 미리 격자형으로 '계획한' 도시였다. 그 의미는 위계적이고 서열적이며 폭력적인 성격을 가진다는 것이다. 당시 스페인의 국왕 펠리페 2세는 도시 계획을 자세히 지시했다고 한다. 도시의 중심은 가톨릭 교회였고 중앙광장이 있다.

1576년에 프란치스코 수도회가 수도원을 지었다. 그 후에 많은 수도원이 차례로 지어졌다. 베네수엘라는 정복 초기에 금이 약간 있어 이를 캐기 위해 원주민들을 이주시키면서 카라카스가 형성되었지만 그 후 식민지 시기에 멕시코와 카카오를 교역하며 번영하기 시작했다. 아직도 베네수엘라의 카카오 원두는 세계에서 품질이 좋기로 유명하며 스위스 네슬레 등에 초콜릿 원료를 공급한다고 한다.

17세기 후반에는 카리브 해에 출몰하던 프랑스 해적을 막기 위해 성벽을 쌓기 시작했다. 18세기 초반에 스페인 카나리아 섬의 백인 주민들이 카라카스의 동부지역에 이주해 왔다. 18세기 후반에는 페스트로 인해 많은 주민들이 사망했다. 19세기 초반에 도시 인구는 약 3만 명이었다. 18세기 후반인 1799년에 독일의 유명한 지질학자인 훔볼트가 카라카스를 조사했다. 훔볼트는 안데스 고산지대를 탐험했고 라틴아메리카의 광물, 동물, 식물 자원을 과학적으로 조사하여 유럽의 학계에 라틴아메리카의 정보를 제공한 인물로 유명하다.

베네수엘라는 멕시코만큼은 아니지만 지진도 자주 일어난다. 독립전쟁이 한창이던 1812년에도 지진이 일어났다. 이 당시 스페인을 지지하던 교회 당국은 지진이 독립하려던 세력에 대한 하느님의 저주라고 대중을 선동했다. 이 상황에서 카라카스 출신의 독립영웅인 시몬 볼리바르(Simon Bolivar)는 “만약 자연이 독립에 반대한다면 거기에 맞서 자연을 굴복시키기 위해 투쟁하겠다”고 강력한 의지를 보여주었다. 1810년에 독립운동이 처음 일어났다. 남아메리카의 스페인 식민지 가운데 가장 먼저 독립을 요구한 나라가 베네수엘라이다.

독립 영웅 볼리바르는 누구인가?

19세기 초, 남아메리카의 스페인 식민지들은 독립운동을 시작했다. 잇따른 봉기의 실패 후, 베네수엘라는 프랑스 혁명에 참가했던 프란시스코 데 미란다(Francisco de Miranda) 장군과 시몬 볼리바르의 지휘하에 남아메리카 북부지역 전체를 에스파냐의 지배에서 해방시키고자 부하들을 이끌고 오랫동안 싸웠다. 프란치스코 데 미란다는 파리의 개선문에 나오는 유일한 라틴아메리카인이다. 베네수엘라는 1811년 7월 5일에 독립을 선언했고, 이로부터 독립전쟁이 시작되었다. 그러나 거의 모든 지역이 여전히 에스파냐 군에게 점령당한 상태였다. 그러다 1812년 카라카스 지방의 파괴적인 지진과 야네로(llanero)의 반란으로 베네수엘라의 첫 번째 공화국은 붕괴되었다. 1813년 8월 7일에 선언된 베네수엘라의 두 번째 공화국은 수개월간 지속되었다. 베네수엘라가 진정한 의미의 독립을 이룬 것은 1821년에 이르러서였다. 이 해에 볼리바르는 카라보보(발렌시아 근처)에서 에스파냐 군에 대승을 거두었다. 이로써 에스파냐의 베네수엘라 지배는 막을 내렸다. 한편, 1819년에 볼리바르는 '그란 콜롬비아' 공화국을 세우고 대통령이 되었다. 이는 라틴아메리카에서 제일 빠른 것이다. 이 나라에는 오늘날의 베네수엘라, 콜롬비아, 에콰도르, 파나마가 포함되어 있었다. 과거 식민지 시기에 이들 나라들은 "누에바 그라나다"로 불렸다. 베네수엘라는 1829년에 그란 콜롬비아에서 분리 독립했고, 1830년에 분리를 선언하여 별도로 헌법을 제정했다(콜롬비아로부터는 1845년에 승인을 받았다.) 1821년에 그란 콜롬비아가 성립되면서 카라카스는 수도의 지위를 잃었다가 1830년에 그란 콜롬비아가 해체되면서 다시 수도가 된다.

카라카스가 배출한 걸출한 인물은 '라틴아메리카의 해방자'로 불리는 시몬 볼리바르(1783~1830)이다. 라틴아메리카의 해방자라는 칭호가 어색하지 않은 것은 멕시코부터 남쪽의 칠레에 이르기까지 모든 라틴아메리카 도시에는 볼리바르 동상과 그의 이름을 기리는 거리들이 있기 때문이다. 작은 도시와 시골에서도 그렇다. 그만큼 거의 모든 라틴아메리카인들의 존경을 받는 위인도 드물다. 이런 의미에서 차베스가 자신이 리드한 급진적 혁명의 이름을 '볼리바리안 혁명'이라고 붙인 것은 상징적 힘이 크다고 생각한다.

볼리바르의 생가이자 박물관 ©안태환

카라카스 시내에 있는 그의 생가는 오늘날 박물관이 되었다. 박물관 벽에 위에서 언급한 "자연이 라틴아메리카의 독립을 방해한다면 자연도 굴복시키겠다"는 글귀가 적혀 있다. 그는 지혜와 용기가 대단한 인물이고 특히 미래를 내다보는 통찰력이 뛰어나다. 그는 18세기에 태어난 귀족가문 출신답게 뛰어난 지식인으로부터 개인교수를 받았다. 그의 스승은 시몬 로드리게스라고 하는데 루소의 『에밀』을 가지고 볼리바르를 교육시켰다고 한다. 오늘날 볼리바르를 존경하며 그의 정치사상을 되살리기 위해 1999년 이후의 급진적 혁명을 볼리바리안 혁명으로 부르고 있는 것이 차베스 혁명이다. 이 볼리바르의 정치사상의 바탕을 이룬 것이 루소의 정치사상 특히 '인민주권' 사상이다. 대의제 민주주의보다는 직접 민주주의를 이상으로 하는 것이다. 볼리바르는 콜롬비아의 카리브 해역의 도시인 산타 마르타 근처 마을의 공화주의자 스페인 사람이 내어준 집에서 투병하다가 생을 마감했다. 그가 세상을 떠났을 때 옆에 있던 장군은 "콜롬비아의 태양이 졌다"라고 외쳤다. 그는 태어나기는 베네수엘라에서 태어났지만 독립투쟁을 베네수엘라와 콜롬비아에서 그리고 페루 등에서 하다가 콜롬비아에서 세상을 떠난 것이다. 볼리바르의 조상은 스페인의 바스크지방 출신으로 베네수엘라에 도착한 귀족가문이었다.

볼리바르는 19세기 초에 라틴아메리카의 여섯 나라들을 스페인으로부터 독립시킨 영웅이다. 그러나 볼리바르는 단지 독립을 시킨 것에 그치지 않고 오늘날의 라틴아메리카의 정치, 법률, 사회적 기본 틀을 만든 사람임을 인식해야 한다. 마치 1492년에 라틴아메리카를 발견(?)한 콜럼버스가 라틴아메리카에 엄청난 영향을 미친 것같이 볼리바르는 오늘의 라틴아메리카에 큰 영향을 미친 것이다. 콜럼버스가 첫 번째와 두 번째 여행에서 카리브 해의 섬에 도착하였다면 세 번째 처음으로 남미 대륙에 도착했는데 지금의 베네수엘라 땅이다. 그로부터 약 30년 뒤에 에르난 코르테스가 멕시코에 도착했고 그 뒤 약 300년간 라틴아메리카를 스페인이 잔혹함과 탐욕으로 지배하게 된다. 원주민들이 노예상태로 떨어진 것은 물론이다. 우리가 19세기 초에 라틴아메리카가 독립과 해방을 맞게 된 것은 다 아는 사실이지만 주목해서 보아야 할 것은 18세기 말 즉, 1767년에 라틴아메리카에서 예수회가 추방된 사실이다. 그때부터 전 라틴아메리카에서 저항의 목소리가 들리기 시작했기 때문이다. 예를 들어, 1780년에 페루의 투팍 아마루는 본인은 메스티소였지만 원주민을 이끌고 처음으로 스페인에 대해 독립을 위해 저항했지만 진압되고 만다. 그러다가 1789년에 터진 프랑스 혁명은 독립에의 열망에 기름을 부은 격이 된다. 특히 1808년에 나폴레옹이 자신의 동생을 스페인 국왕에 봉하자 라틴아메리카의 독립투쟁은 본격화된다. 독립전쟁에서 중요한 결정적인 계기는 1824년의 볼리바르와 수크레 장군이 지휘한 독립군이 수행한 페루의 아야쿠초 전투의 승리였다. 아야쿠초는 쿠스코에서 가까운 거리인데 스페인 정복 군대가 유린한 잉카의 수도인 쿠스코에서 가깝다는 것이 왠지 역사의 아이러니같이 느껴진다. 베네수엘라의 독립이 결정된 카라보보 전투는 이보다 앞선 1821년이었다. 그러나 1830년의 볼리바르가 세상을 떠나면서 그의 꿈인 '그란 콜롬비아'의 통합도 물거품이 되었다. 그리고 독립 이후 약 50~60년간은 다른 라틴아메리카 국가들의 경우와 같이, 정치적으로 매우 혼란스런 시기를 겪는다. 이 시대를 군웅이 할거하던 시대로 소위 "까우디요의 시대"로 부른다.

현재 베네수엘라의 화폐 단위는 볼리바르이고 볼리비아라는 나라는 볼리바르에게서 온 것이다. 그리고 라틴아메리카의 어느 도시를 가든지 중심부에 볼리바르 광장 또는 볼리바르 거리가 있다. 라틴아메리카가 독립할 정치적 명분 내지는 비전 또는 이데올로기는 프랑스 근대 계몽주의 사상에 연원했다. 볼리바르는 이를 이해하는 뛰어난 정치 사상가였다. 그의 스승인 시몬 로드리게스는 독립 당시 볼리비아의 문화부 장관이었다. 또 한 사람의 가정교사는 안드레스 베요였다.

특히 1815년에 자메이카에서 쓴 「자메이카의 편지」라는 글 속에 볼리바르의 정치사상이 충분히 담겨 있다. 1880년대부터 라틴아메리카는 철도로 상징되는 근대화와 자유주의적 정치제도가 시작되었으며 이때부터 '라틴아메리카'라는 호명이 시작되었다. 그 전에는 "새로운 세계"라는 "Nuevo Mundo"로 불렸다. 볼리바르는 위의 글에서 라틴아메리카가 유럽과 미국과 인접하여 지정학적으로 독립이 유지되기 힘든 것을 인식하여 라틴아메리카 국가 연합(Liga de Naciones Suramericanas)으로 통합하기를 원했다. 그렇게 해야만 외부의 강국의 개입으로부터 라틴아메리카를 지킬 수 있다고 믿었다. 그리하여 1826년에 파나마에서 위의 라틴아메리카 국가연합회의가 열리게 되었다. 콜롬비아와 중미 국가, 멕시코와 페루가 참가했다. 미국도 초청받았으나 외교사절이 도착했을 때는 이미 회의가 끝난 뒤였다. 브라질, 칠레, 아르헨티나는 참석하지 않았다. 영국은 단지 옵서버였다. 그의 사후 약 200년이 지나, 2011년 12월 CELAC이라는 '라틴아메리카 카리브 국가공동체'가 출범하여 그의 꿈이 조금씩 현실화되기 시작했다. 이 국가 공동체에는 캐나다와 미국이 제외되어 있다. 최근 미국과 쿠바가 수교하기로 한 것도 프란치스코 교황의 역할이 컸던 것으로 알려져 있는데 이미 라틴아메리카의 모든 나라들은 쿠바에 대한 미국의 경제봉쇄 해제를 요구하고 있었던 것이다.

볼리바르는 상기의 편지에서 16세기 중반에 라틴아메리카의 원주민도 유럽인과 똑같은 영혼을 가진 인간임을 강조한 멕시코의 성인인 성 바르톨로메 데 라스 까사스 신부를 강조하고 있다. 라스 까사스 신부가 1994년부터 사파티스타 운동이 시작된 치아파스의 주교였음을 기억한다면 이 지역이 오래전부터 인간 해방의 장소였음을 알 수 있다. 베네수엘라는 '누에바 그라나다'의 변방으로서 볼리바르 장군을 따라 독립운동에 나선 평범한 군인들은 미천한 집안 출신이 많았는데 이들 중 무공을 세워 장교가 된 사람들이 많다. 이런 역사적 전통 때문에 베네수엘라 군부는 민족주의적 전통이 강하다. 그는 전근대적 전제주의를 당연히 비판하지만 또한 유럽식의 자유주의도 라틴아메리카에 맞지 않고 민주공화제를 지지하되 가부장적이고 포퓰리즘적인 정치체계를 지향했다. 이 부분은 매우 치밀한 정치학적 분석의 대상이 될 수 있다. 파라과이의 19세기의 독재자이자 포퓰리즘적 가부장인 프란시아 박사의 경우도 매우 흥미로운 역사적 실존 인물이기 때문이다.

볼리바르는 파나마시티가 라틴아메리카 전체의 느슨하나마 서로 연결된 통합정부의 중심부가 되기를 원했다. 그렇지 않으면 미국에 끌려가게 될 것이라고 생각했다. 그러나 라틴아메리카 전체는커녕 '그란 콜롬비아'의 통합도 콜롬비아, 에콰도르, 베네수엘라 세 나라로 나뉘게 되었다. 마르케스의 소설 『미로 속의 장군』의 모델이기도 하다. 이처럼 볼리바르를 이해하는 것이 라틴아메리카의 역사, 정치, 문학의 유토피아적 미학을 이해하는 첩경이 됨을 알 수 있다.

19세기 초반 독립을 하고 중반 이후 카라카스는 다른 라틴아메리카 도시들과 같이 '프랑스 도시 문화'를 선호하게 된다. 그리하여 전통적 색채가 강한 도심의 스페인풍의 수도원 건물들을 허물게 되고 그 자리에 입법부 건물과 카라카스 대학을 프랑스의 신고전주의 풍으로 세웠다. 19세기 후반에 유럽지향의 계몽주의적 대통령인 구스만 블랑코에 의해 근대적 도시의 모습을 갖추기 시작하고 전기도 들어온다. 20세기 초반에도 카라카스는 전원적인 작은 도시였다. 1904년에 대통령 부인이 주로 쓰던 자동차가 들어온다. 1908년에 당시 대통령의 대부인 환 고메스 장군에 의해 쿠데타가 감행된다. 그리고 그가 죽은 1935년까지 독재가 시작된다. 라틴아메리카 다른 나라들에 비해 독재가 일찍 시작되었고 일찍 민주화가 이루어진다. 민주화 이후 도시의 근대화가 다시 시작된다. 예를 들어 센트럴 대학이 1940년대 초에 건설되기 시작하는데 오늘날 유네스코 문화유산으로 지정되었다. 1952년부터 '발전주의' 모델의 근대적 도시 건설이 이루어진다. 또한 19세기 라틴아메리카 인문학의 아버지로 불리는 안드레스 베요도 카라카스 출신이다. 그는 칠레 대학의 설립자이기도 하다. 19세기에는 어느 한 나라의 라틴아메리카의 지식인은 다른 나라에서도 쉽게 활동했다. 예를 들어, 라틴아메리카 모더니즘 시운동의 창시자인 니카라과의 루벤 다리오는 초기에 주로 칠레에서 활동했다.

경제적 번영의 1970년대와 카라카스의 급팽창

1970년대는 베네수엘라가 엄청난 경제적 번영을 누리던 시기였고 이 시기에 카라카스는 눈부시게 발전한다. 그런데 특이한 것은 경제적 번영이 일반적인 산업화, 근대화의 결과가 아니라 1920년대부터 개발된 석유수입에 대부분 의존했다는 점이다. 베네수엘라는 사우디아라비아와 함께 석유 매장량이 큰 나라로 유명하다. 아직 개발하지 않은 엄청난 원유가 오리노코 강 유역에 매장되어 있다고 한다.

마라카이보만의 원유채굴의 모습 ©안태환

이렇게 국가의 재정수입의 대부분을 석유에 의존하게 되면서 베네수엘라의 산업구조는 크게 왜곡되었다. 예를 들어, 외국으로부터 식품을 수입하는 것이 경제적이 되면서 농업의 발전이 지체되었다. 베네수엘라의 카라카스는 남미 독립의 영웅인 볼리바르를 비롯하여 뛰어난 소설가인 로물로 가예고를 대통령으로 배출하고 라틴아메리카 최고 수준의 인문학자인 안드레스 베요를 배출하는 등 문화적으로 수준이 높고 역사도 풍부하고 석유 등의 자원도 풍부하지만 산업구조가 정상적이지 못하게 된 것은 안타깝다. 베네수엘라는 식민지시대부터 전통적인 민속음악과 함께 연극도 매우 발달했다. 최근에는 우리나라에도 널리 알려진 베네수엘라 청소년 오케스트라로 유명하다. 구스타보 두다멜이 지휘하는 이 오케스트라는 단순히 음악만이 아니라 빈곤층 주거지역의 청소년들의 자아 정체성을 확립하게 해주는 사회 문화정책의 창의성으로 전 세계 미디어의 주목을 받았다.

산업화는 특히 '규율사회'를 전제한다고 보면 베네수엘라는 근대성과 포스트모더니즘이 동시에 존재해왔다는 의미에서 매우 독특한 근대화의 길을 걸은 셈이다. 어떻게 보면 오늘날의 차베스 체제 출현의 배후에 사회문화적으로 포스트모던적 맥락으로 해석할 수 있는 여지도 크다고 할 수 있다. 시몬 볼리바르로 상징되는 전통적 가부장적 민족주의의 흐름을 근대성이 극단으로 발전한 신자유주의 세계화의 질서에 저항하는 수단으로 다시 호출하는 것을 알 수 있다. 근대적 일직선적 발전 모델을 거부하는 것이다. 물론 이런 탈근대적 흐름을 베네수엘라 대중이 지지한 것이다. 차베스 혁명은 개인적 질서와 사회 공공적 질서의 재구성을 의미한다. 근대화와 경제발전이 모든 것을 안정되게 하지 못함을 인식한 것이기도 하다. 특히 차베스 정부가 등장하기 전 카라카스를 특징짓는 가난한 사람들과 부자들이 거주하는 공간의 지나친 구획과 분리를 재구성하는 것이다. 일반적으로 동쪽에는 차카오 등 부자 동네가 있고 서쪽에는 빈민 등이 산다. 서로 섞이는 혼종 문화를 재현하는 것으로 해석할 수도 있다.

도시 계획적으로 서로 영향을 주고받는 중간지대를 많이 만들어내고 있다. 예를 들어, 시내의 중산층 거주 지역에 차베스 정부는 2011년 도시 빈민을 위한 아파트를 짓기도 했다.

주된 입주 대상은 집 없는 빈민 외에 홍수로 인한 이재민이었는데 거주의 계급별 구획이 흔들리는 것이다. 즉, 사회적 양극화의 민주적 재영토화이다. 정치적으로는 대중의 존재감을 살리는 정체성의 고향이기도 하다. 문화적으로는 소비의 기호를 통해 계급이 구별되는 문화적 획일성에 대해 싸우는 것이다.

이재민 등 도시 빈민을 위해 지은 아파트 ©안태환

도시 빈민 대중의 독특한 연대의 문화와 도시의 개성

그동안 베네수엘라는 석유수입에 의한 손쉬운 경제적 번영에 힘입어 1950년대 후반부터 1980년대 초반까지 경제적으로 안정되고 정치적으로도 근대적, 자유주의적 민주주의 발전모델의 중심 국가가 된다. 이런 모델을 '푼토 휘호체제'라고 부른다. 또한 2차 대전 이후 이 시기에 궁핍한 유럽의 스페인, 이탈리아 사람들이 대규모로 이민을 왔다. 다른 라틴아메리카 국가들의 도시화도 대부분 이 시기에 이루어졌다. 국영 석유공사(PDVSA)는 사회적 공공성의 정책 지원을 많이 하는데 시내에 시민들이 휴식할 수 있는 공원도 조성해놓았다.

카라카스가 특히 중요한 것은 라틴아메리카 도시 근대화의 원형 같은 도시이기 때문이다. 예를 들어, 센트럴 공원의 Las Torres 건물은 남미에서 가장 높은 건물이다. 이런 도시개발의 자원은 1920년대부터 채굴이 시작된 원유에서 나왔음은 물론이고 원유가가 인상된 1970년대부터 1980년대 초반까지가 경제적으로 전성기였다. 이 시기는 소위 '석유 붐'이 불었던 시기이다. 베네수엘라는 특히 오리노코 강 유역 부근에 석유 매장량이 많은 나라로 유명하다. 그러나 80년대 초반부터 경제적 위기가 찾아왔고 1989년에 카라카스를 중심으로 대규모 대중 시위가 일어났으며 이 사건을 계기로 하여 결국 차베스 체제가 출현하게 되는 급진적 변화의 시기를 겪게 된다. 70년대

말까지의 석유 붐으로 조성된 경제적 안정이 흔들리자 라틴아메리카에서 최고로 평가되던 안정적인 민주적 양당체제는 급속히 무너진 것이다.

특히 시민적 규율이 산업화를 통해 발전해오지 못했다는 맥락에서 부정부패와 연고주의 그리고 시민적 행동규범의 부재를 불러왔다. 특히 시골로부터의 도시 이주는 주로 1960~70년대에 이루어졌는데 가난한 대중이 제대로 된 직업을 구할 수 없는 상황에서 매우 많은 사람들이 국공유지 또는 사유지를 불법적으로 점유하였다. 그리고 이들은 한데 몰려 집단적으로 거주하면서 독특한 '동네'(barrio)를 형성한 것이다. 이에 대해 강제 퇴거를 명령한 시 당국의 조치에도 집단적으로 저항하며 순응하지 않았다. 이들이 이렇게 저항한 것은 최후의 생존을 위한 조치로서 너무 가난했기 때문이다. 이들은 주로 행상 등 비공식적인 경제활동을 통해 돈을 벌었고 합법과 불법의 경계를 넘는 사람들도 많았으며 오늘날에도 이들 빈민가의 일부에서는 범죄와 폭력이 일상화되고 있다. 다시 말해 카라카스의 도시 개성이 독특한 것은 바리오로 불리는 빈민가가 도심에도 많다는 사실이다. 석유 채굴 외에 국내의 변변한 산업이 발달하지 못해 시골에서 온 주민들이 도심의 행상 등 비공식적 직업 외에는 먹고살 것이 없었기 때문이다. 1999년부터 시작된 차베스 혁명은 이들 빈민을 위한 사회 정책, 공공 정책을 집행해왔다. 중요한 것은 차베스 집권 후 가진 것이 없는 계층을 위한 사회정책을 적극적으로 펼친다고 해도 하루아침에 가난이 없어질 수 없고 오랫동안 구조적으로 형성된 빈부격차도 완화되는 수준 정도에 그치고 있다.

그러나 빈부격차를 근본적으로 바꾸지는 못했지만 차베스 혁명은 평소 자신들의 꿈을 이룰 생각도 못했던 사회적 소수자 즉, 아프리카계 인종, 여성, 가난한 사람들이 조합운동과 다양한 무료의 미션 교육 등을 통해 대학교육의 혜택을 받고 자신들이 원하는 전문직 종사자로 취업하는 사례가 많이 나타난 것은 사실이다. 특히 '바리오 아덴트로'라고 불리는 무료의 공공의료 시설과 서비스를 도시 외곽의 빈민가에까지 광범하게 제공하고 있는 것은 이들 가난한 대중의 상당수가 차베스 체제를 지지하게 만드는 원동력이 되고 있다. 또한 석유가 가져다주는 부에만 의존한 결과 자생적인 농업발전이 지체되어 심각한 식량 공급위기를 맞고 있는 베네수엘라로서는 유기농업과 소농의 획기적 발전은 매우 중요한 국가 정책목표이다. 하지만 이미 오랫동안 길들여진 대중의 습관은 쉽게 바꾸기 힘들어 필자가 만나본 유기 농업 전문가와 실천가들은 현재 베네수엘라의 유기농업 발전 수준은 아직 미약하다고 한다.

동네에서 유기농업활동을 하는 아주머니와
유기농업 연구를 하는 청년 ©안태환

알타미라 구역에 있는 카페 ©안태환

그란 멜리아 카라카스 호텔 로비 ©안태환

카라카스의 매력은 도시 한가운데에 위치한 아빌라 산이다. 이 산을 중심으로 외곽도로가 나 있어 도시의 허파 구실을 하고 쾌적함을 선사한다. 그리고 바다가 가까워서 더 시원한 것 같다. 바다에 바로 붙어 있어 아찔한 느낌을 주는 것이 카라카스 공항이다. 남미에서는 대부분의 나라에서 밤중이나 새벽에 거리를 걸어서 돌아다니는 것이 위험하다. 시내 중심부에는 중앙광장, 관공서, 대학 등이 있고 대중이 많이 몰리는 상가 등이 있으나 대부분의 라틴아메리카 대도시가 그렇듯이 호화롭지 않고 약간 어수선하다. 그러나 도심에서 동쪽으로 떨어진 부유층이 많이 사는 차카오의 알타미라 구역은 세련되고 안정감이 있다. 이 구역에는 고급 호텔, 고급 카페와 음식점, 고급 주택가 등이 많고 로물로 가예고 문화회관 등의 전시, 공연 시설, 서점 등도 많이 있다. 그리고 우리처럼 백화점 대신에 쇼핑센터가 많다. 이런 동네에서는 호텔 앞에 전용택시 정차장이 있어 이곳의 택시를 타면 안전하다. 조금 떨어져 시내 쪽에 있는 호텔로 '그란 멜리아 카라카스'라는 호텔은 수십 년 전에 지어진 호텔이지만 중세 스페인적 분위기를 느낄 수 있는 기품이 있다. 종업원들도 기품이 있어 인사를 할 때 가슴에 손을 얹고 미소를 짓기도 한다. 대부분 매우 친절하다.

베네수엘라의 도시 비율은 라틴아메리카에서도 유난히 높다. 현재 도심의 높은 건물들은 70~80년대에 지은 콘크리트 건물이 많아 낡고 거친 이미지를 많이 준다. 그리고 특이하게 카라카스 시내에는 헬멧을 쓰고 오토바이를 타는 사람들이 많다. 교통 혼잡을 피해 오토바이를 많이 타기 때문이다. 필자는 알타미라 구역에 있는 문을 연 지 약 60년 된 멋진 레스토랑에 갔을 때 커다란 앵무새를 보고 "야! 바보야!" 하고 앵무새가 따라 하기를 기다렸지만 귀찮은지 아무 말도 안 했다.

커다란 앵무새가 있는 식당 © 안태환

카라카스가 개성적으로 흥미로운 것은 부자동네 바로 가까이에 슬럼가가 있다는 사실이다. 이 슬럼가는 이미지가 매우 범죄적이지만 실제로 그렇게 폭력적인 것만은 아니다. 매우 낙천적이고 서로 연대하고 공감하는 공동체 문화가 매우 독특하게 발달해 있다. 예를 들어, 신나는 카리브 음악(메렝게, 살사, 꿈비아)의 리듬에 맞춰 춤을 같이 추는 것을 좋아한다. 어떻게 들릴지 모르겠지만 부유한 사람들의 삶의 방식을 무조건 선망하지 않는다.

카라카스에는 우리 서울의 남산 같은 아빌라 산이 시내를 에워싸고 있다. 그리하여 이 산허리를 관통하여 시내의 복잡한 길을 피해 동과 서를 연결하는 직통도로가 있어 교통 혼잡을 피하고 시내를 바라보는 전망도 좋다.

카라카스의 도심 중심부는 아빌라 산의 기슭을 끼고 있어 여유 공간이 매우 협소하다. 그리하여 20세기에 들어와 도시화와 근대화가 진행되면서 인구가 급팽창하면서 동서로 길게 발전할 수밖에 없었다. 이런 공간적 특성은 시내에 산이 있고 길게 동서로 발전한 부산을 연상시킨다. 이리하여 카라카스 외곽에 미란다 주와 바르가스 주가 인구를 포용하여 '거대 카라카스' 도시군을 형성하고 있는 것이다. 중산층들도 공기가 좋은 이들 외곽도시에 거주하면서 카라카스 시내로 출퇴근하는 사람들이 많다.

1970년대부터 베네수엘라가 석유의 번영을 계기로 카라카스가 급팽창하였으나 도심의 물리적 공간이 좁은데도 인구는 전국에서 몰려들어 길거리가 매우 복잡하다. 중요도로는 하루 종일 교통지체가 일어난다. 그래서 그런지 오토바이를 많이 타는 것 같다. 그리고 지하철도 비교적 일찍 1983년부터 개통된다.

가장 두드러진 카라카스의 도시 개성은 시골에서 몰려온 가난한 사람들이 거주할 공간이 없어 도시 외곽의 산비탈에 불법적으로 집단 거주 공간인 '동네'(barrio)를 만들었다는 점이다. 이런 모습은 카라카스 공항에 도착한 후 택시를 타고 시내로 진입하면 아주 쉽게 관광객의 눈에 뜨이게 된다.

여기서 불법적이란 표현은 퇴거 요청도 받아들이지 않지만 더욱이 시당국의 체계적인 도시 계획 자체를 거부하기 때문이다. 이들은 관계 당국의 퇴거요청을 무시하고 저항하면서 사회, 문화적으로 독립적인 '영토'를 이룬 것이다. 베네수엘라만이 아니라 라틴아메리카 전체에 걸쳐 가난한 대중은 독특한 일상생활의 삶의 방식인 '바로크적 에토스'로 불리는 집단적 연대와 공감의 문화를 가지고 살아왔다. 이런 문화에 바탕하여 자연스럽게 '동네 공동체'가 형성된 것이다. 그러다가 앞에서 언급한 것처럼 1980년대에 경제, 사회적 위기가 닥치게 되자 이들은 집단적 정체성을 가진 대중으로 출현한다. 이런 집단적 주체의 경험이 있었기 때문에 1999년에 출범한 차베스 정부는 다양한 조합운동, 미션 사업들과 특히 주민평의회, 도시 토지위원회를 제도화시킬 수 있었던 것이다. 정부의 제도적 노력 이전에 이미 수십 년 전부터 가난한 대중이 스스로 '동네 공동체'라는 조직화를 보이고 있었기 때문에 가능한 것이었다. 2011년 현재, 주민평의회는 전국에 걸쳐 약 43,000개가 있고 도시 토지위원회는 약 7,800개 된다. 이런 연대와 공감의 문화는 그 뿌리가 원주민 문화에 닿아 있고 집단적 기억과 공동체성을 강조하는 구어 문화를 특성으로 한다. 이런 문화적 힘을 계급과 정치 투쟁을 중시하는 마르크스주의 정치철학의 시각으로만 해석하면 제대로 해석할 수 없다. 오히려 약 500년 동안 집단적으로 고통받고 억압받으면서도 유토피아적 꿈을 버리지 않은 원주민 문화를 배경으로 하는 근대성, 자유주의의 틀을 항상 극복하려는 대중의 역능으로 보아야 할 것이다.

카라카스를 여행하면서 가장 눈에 띄었던 것은 우리나라의 산동네 같은 빈민가의 위로 케이블카가 있는 것이었다. 처음에 이해가 잘 안 되어 베네수엘라 친구에게 저것이 뭐냐고 하자 지하철역에서 내려 집까지 올라가기 위해 수없이 많은 계단을 사람들이 올라가야 하므로 그들을 위해 산꼭대기까지 케이블카를 설치한 것이고 이름이 '메트로 까블레'(지하철 케이블카)라고 한다고 했다. 오직 케이블카는 관광용이란 생각이 바뀌는 순간이었다.

산동네를 오르내리는 '메트로 까블레' ©안태환

1983년에 처음 개통된 지하철은 현재 카라카스 시에 4개 노선이 있어 이동이 편리한데 요금은 상상 이상으로 싸다. 편도 표와 왕복표가 있는데 편도는 0.5 볼리바르(우리 돈으로 약 130원) 왕복은 0.9 볼리바르(우리 돈으로 약 260원)이다. 구간제 요금이 아니라 정액 요금으로 멀리도 갈 수 있어 좋았다. 지하철에는 사람들이 적당히 많아 오히려 도난의 위험은 적었던 것 같다. 지하철을 타고 시내에 나가면

곳곳에 공원과 문화시설이 많아 도서 전시회, 음악회 등이 자주 열린다고 한다.

그리고 카라카스에는 자동차가 엄청나게 많다. 그럴 수밖에 없는 것이, 원래 석유가 나기도 하지만 휘발유 값이 너무 저렴하여 누구나 차를 끌고 나와 저녁 6~7시 러시아워에는 길이 무지하게 막힌다. 필자가 지하철로 도착한 곳은 '로물로 가예고 문화회관'이라는 공공문화공간이었는데 도착한 뒤 얼마 안 있어 시민들을 상대로 탱고 무료 공연이 있었다. 이곳에서는 각종 전시, 공연 및 학술세미나 등이 열리는 곳이고 서점과 카페도 있었다. 로물로 가예고는 베네수엘라를 대표하는 소설가로 생존 시 베네수엘라의 대통령을 역임하기도 하였다. 카라카스 시에는 동부 지역에 차까오, 알타미라 등의 우리의 강남구 같은 곳이 있는데 거기에는 고층건물과 일류 호텔, 일류 식당들이 즐비하다.

국립 센트럴 대학교에서 가까운 메르세데스라는 동네에는 중산층이 많이 가는 다양한 식당들이 많다. 이태리 식당, 고기를 전문적으로 구워주는 식당 등이 많은데, 식당 한가운데에 나무가 있는 정원이 있어 시원한 느낌을 준다. 웨이터들이 숫자가 많아 친절하게 그리고 신속하게 응대를 하는 것도 좋다. 짧은 점심시간에도 시원한 나무를 보고 식사할 수 있어 여유가 있다. 그리고 이 동네 메르세데스에는 식당 외에도 분위기 좋은 카페와 열대음료를 파는 가게들도 많아 일주일 내내 많은 사람들이 차를 타고 찾아온다. 스페인 분위기의 스페인 식당도 많이 있다. 건물들도 디자인이 매우 개성적인 곳이 많아 젊은 연인들도 자주 찾는 것 같다.

식당 한가운데에 있는 정원 ©안태환

2013년에 세상을 떠난 차베스가 가끔씩 엄청난 독설을 쏘아댔지만 그렇다고 베네수엘라의 사회문화 분위기가 우리가 선입견으로 상상하는 경직된 '사회주의' 사회는 아니다. 차베스의 연설은 전략적인 언술이고 그 스타일은 상당히 유머가 많고 대중이 알기 쉽게 표현한다. 이 같은 대중적 유머의 담론은 라틴아메리카 일반대중의 무의식적 정서와 맞아들어 설득력이 강하다. 차베스가 대중에게 인기를 얻어내는 설득력이 강하고 카리스마가 있다는 점에서는 일부 학자들이 이야기하는 포퓰리즘 정치가란 호명이 맞다. 그러나 포퓰리즘의 외면적 형식보다는 그 내용을 살펴야 할 것이고 소위 좌파 포퓰리스트로서 가난한 대중의 사회적 요구를 중시하고 있는 것을 인식해야 한다. 유머와 라틴아메리카 예술, 문화의 친화성은 아주 강하다. 라틴아메리카의 영화, 소설, 시 등은 사회의식이 강한 것이 특징인데 그것이 경직된 형식으로 표현되지 않고 애매모호함과 유머로 표현되며 그 철학은 권위적, 일방 통행적 기득권 문화를 풍자하고 웃음을 통한 전복의 미학을 보여준다.

저소득층의 대중이 잘 가는 상업 건물로 어디서나 흔하게 눈에 띄는 것이 맥도날드 햄버거 가게와 빵집 등인데 사람들로 엄청나게 붐빌 정도로 장사가 잘된다. 가게 앞의 작은 광장에서는 젊은이들이 힙합 춤 경연을 하느라 정신이 없어, 우리에게 아주 낯익은 모습을 볼 수 있었다. 카라카스에는 세계 어느 곳에나 있는 월마트 같은 대형마트가 없다. 슈퍼와 구둣가게, 옷가게, 식당 등이 들어서 있는 몇 층으로 된 상업 건물이 많이 있을 뿐이다. 이런 곳에 앉아 있으면 세계 경제 위기가 실감나지 않는다. 우파적 시각에서는 정부의 급진적 사회경제 정책으로 돈이 많이 풀려 그렇다는데 원래 베네수엘라는 소비성향이 높은 라틴아메리카에서 더 높기로 유명한 나라이다. 왕년에 전 세계에서 일인당 위스키 소비량이 가장 높은 나라였다고 한다. 필자가 만나 같이 식사하던 대학교수도 식사 중에 계속 위스키를 시키곤 하였다.

음식 이야기가 나와서 하는 얘긴데 아레빠라고 하는 옥수수로 만든 떡 같은 속에 치즈를 끼워 넣고 맥주 또는 구아바, 과나바나 같은

과일주스와 아레빠를 같이 먹는 모습 ©안태환

열대 생과일주스와 먹는 맛이 일품이다. 아레빠는 튀겨 먹거나 굽거나 쪄서 먹는 등 다양하다. 아레빠는 멕시코의 또르띠야처럼 베네수엘라에서 아주 흔한 음식이다.

밤중에도 시내 여러 곳에 열대과일 주스와 아레빠에 치즈를 끼워서 먹는 가게들이 많아 사람들이 줄을 서서 붐빈다. 밤에도 식사를 좋아하는 것은 타코를 즐기는 멕시코도 마찬가지다.

1989년에 그 당시 페레스 정부가 신자유주의적 경제 개혁정책을 통해 휘발유 값이 인상되어 버스 값이 대폭 올랐을 때 가난한 학생들과 노동자들이 상점으로 난입해 유리창을 깨고 식료품을 마구 약탈하는 카라카스 대봉기(카라카소Caracazo)를 일으킨 적이 있다. 수백 명의 희생이 있었는데, 이후 여러 개의 구가 시로 독립되었다.

대봉기는 오랫동안 정치 경제적으로 매우 안정되었던 베네수엘라

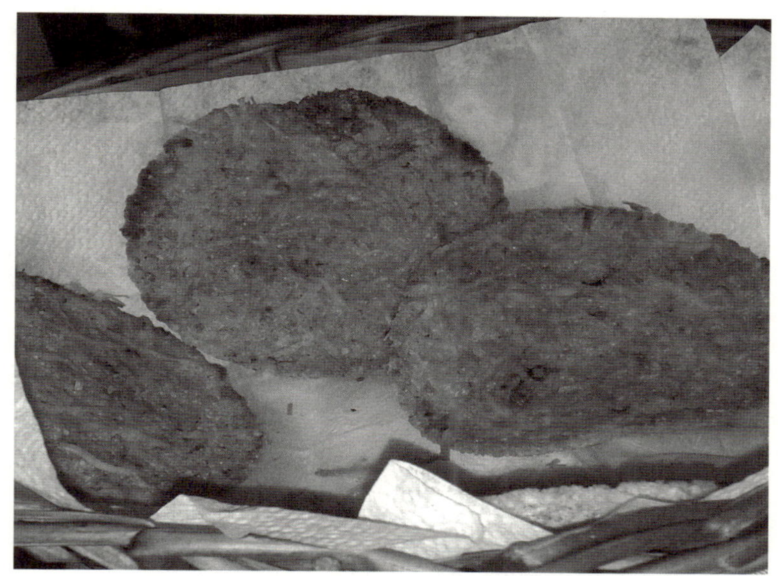

식민 시대부터 사냥 갈 때 먹는 휴대용 음식 ©안태환

의 경제가 1980년대부터 원유하락과 외채 위기로 흔들리기 시작한 것이 그 원인이었다. 가난하다고 마구잡이로 식품을 약탈한다는 게 우리로서는 도저히 이해가 안 가는데 대빗 세돈과 존 월톤 같은 학자들은 이를 "윤리적 경제의 배신 "으로 설명한다. 마치 가부장제의 대가족제에서 먹을 것이 없는데도 가장 혼자서 노름과 유흥 등으로 돈을 탕진하고 그러면 나머지 식구들과 친척들이 매우 분노하는 것과 같은 맥락인지 모른다. 즉, 가난한 사람들도 최소한의 기본적 삶을 당국과 기득권층이 보장해야 한다는 의식이다. 그만큼 원주민 문화에서 시작되는 전통적인 공동체 문화가 21세기에도 강하다는 것을 알 수 있다.

개인주의적 자유주의의 삶의 방식에 젖어 있는 우리로서는 너무 낯설다. 간단히 이야기해서 우리는 신자유주의적 삶의 방식에 쉽게 동화되는 문화적 집단 무의식 같은 것이 있다고 본다. 다시 말해 라틴아메리카의 가난한 사람들은 부유하게 사는 중산층 이상의 기득권 세력에게 최소한의 삶을 위해 마치 맡겨둔 것을 찾듯이 내놓으라고 하는 '사회적 요구'가 당당한 것이 특징이다. 이것이 어떻게 보면 정치지형을 형식적 민주주의가 아니라 사회경제적 민주주의 쪽으로 변하게 하는 눈에 잘 안 보이는 문화적 동력인지도 모른다. 우리 사회의 유명한 정치학자들도 시민의 사회적 요구가 실질적 민주주의로 가는 이정표라고 한다. 하지만 우리 사회는 파편화된 개인의 생존 욕망만이 존재하고 있는 듯하다.

위의 사건은 사실 베네수엘라의 정치지형이 90년대 이후 사민주의 · 자유주의 우파의 보수양당체제가 무너지는 계기가 되었다. 우리나라에서 베네수엘라에 대한 책과 담론들이 많이 생산되고 있어 국내에도 빈민들을 위한 무상의료, 무상교육 등의 다양한 '미시온'(임무라는 뜻의 스페인어)들이 많이 소개되었지만 필자는 그중의 하나로 메르칼 미시온을 소개하고 싶다. 먹는 것이 그만큼 절박한 것을 이해해서인지 차베스 정부는 메르칼이라는 국영 식품점을 열어 양질의 식품을 아주 저렴한 가격에 팔았다. 외환수입의 거의 80%를 석유에 의존하는 베네수엘라는 거의 모든 것을 수입한다고 보면 된다. 그래서 일부 상인들이 매점매석을 통해 돈을 벌기 쉬운 구조를 가지고 있는데 그것을 막는 셈이다. 필자는 처음에 이곳은 가난한 사람들만 이용하는 줄 알았는데 누구나 갈 수 있다고 한다. 아마 부자들이나 중산층은 갈 수 있어도 별로 안 가는 것(?) 같다. 그래도 사람이 많아 줄을 한참 서는 게 단점이라고 한다. 그런데 흥미로운 것은 베네수엘라 친구가 구입한 분유를 담은 비닐포장 위에 무엇인가 작은 글씨들이 많았는데 자세히 보니 1999년에 제정한 신헌법의 조항들 중 하나씩을 거기에 인쇄하여 대중들이 보고 배우게 하려는 것이라고 한다. 재미있는 발상이 아닌가 한다. 예를 들어, 제103조 "모든 사람은 각자의 적성과 소질, 희망사항으로 인한 제약 외에는 모든 것이 동등한 조건과 상황에서 전인적이고 항상적인 양질의 교육을 받을 권리가 있다"라고 인쇄되어 있다.

대부분의 우리나라 사람들은 남미 사람들은 게으르고 정열적(?)이란 선입견을 가지고 있는데 전혀 그렇지 않다. 필자의 친구인 대학 직원 야피는 새벽 5시에 일어나 6시에 출근해서 오후 2시까지 일하고 오후에 학교에 가서 밤 8시까지 공부한다. 대부분의 라틴아메리카 노동자들이 그렇게 일찍 직장에 나간다. 물론 하루 종일 과노동하는 것이 아니라 공장 노동자의 경우 아침 7시에 출근하면 오후 3시 50분경에는 퇴근한다. 그렇게 열심히 산다. 부인도 대학교에서 직원으로 일하는데 저녁에 부인은 미션 리바스라고 고등학교 해당 사회 교육과정에서 강사로 시민들에게 봉사하였다. 이들 부부는 '차비스타'(차베스 지지자들을 이렇게 부름)다. 센트럴 대학교의 한 학기 등록금은 약 2달러밖에 안 된다. 식사는 공짜다. 이 같은 시스템은 차베스가 집권 후 생긴 것이 아니라 약 백 년 전부터 그래왔다.

그 친구의 집은 소박한 아파트이고 어지럽혀져 있어도 전형적인 라틴아메리카 중간계급 수준이다. 그런데 집에 들어가자마자 눈길을 끌었던 것이 몇 가지 있다. 우선 문 안쪽에는 차비스타답게 체 게바라가 죽기 전에 자신의 아이들에게 쓴 편지와 가족사진이 걸려 있는데 "마음의 가장 깊은데 서부터 세계 어느 곳에서나 벌어지는 비인간적 사회부정의를 느끼는 것이 제일 중요하다"는 문구가 있다. 그런데 필자의 흥미를 끈 것은 맞은편의 전자 기타들과 고가로 보이는 각종 앰프 시설들이었다. 그의 취미생활이었다. 그는 "비록 돈은 없지만 항상 하고 싶은 것을 하고 살아왔다"고 한다. 락 음악과 베네수엘라 음악을 같이 좋아한다고 한다. 여기서 베네수엘라 음악하면 토속적이고 구어 문화에서 유래되는 '음유시인적' 음악을 말한다.

창문을 열어놓은 방에 있으면 새벽에 잠이 잘 오지 않았다. 마치 에어컨을 틀은 것처럼 시원한 바람과 길거리 나무에서 들려오는 "까까까…, 뽀삐요…" 등 마치 밀림에서와 같은 열대성(Tropical) 새들의 노래 소리 때문이었다. 차베스 혁명을 '뜨로삐깔 혁명'이란 말로 부르는데 라틴아메리카 좌파들을 상징하는 표현임을 느낄 수 있었다. 사회정의와 함께 개인의 자유분방함을 동시에 중요시하며 그렇게 팍팍하지 않게 살 수 있는 삶의 결을 이미 오래전부터 합의하여 틀을 만들어온 것 같다. 이 친구의 책상에는 촘스키의 책, 마리오 베네데티라는 유명한 라틴아메리카 문학평론가의 책, 그리고 감수성 계발의 책 등이 나란히 꽂혀 있다.

우리는 현재 라틴아메리카 소위 '좌파정부들'(새로운 정부들)의 변혁과정에 관심이 크다. 그러나 지나치게 외형적으로 접근하고 있는데 자칫 중요한 포인트를 놓칠 수도 있다고 본다. 인간적 요구와 느낌을 중요시해야 하지 않을까. 무의식보다 더 아래 밑바닥에 숨겨져 있는 진정한 자기(Self)에서부터 올라오는 욕망에 솔직한 것이 중요하지 않을까? 융은 자아 아래에 무의식층이 있는데 여기에는 '그림자, 아니마, 아니무스, 집단적 원형' 등이 있고, 더 아래에 '자기'(Self)가 있는데 이곳에 바로, 자기실현의 창조성, 영성이 있다고 하였다. 글보다는 음악이 '자기'를 만나는 데 도움이 되는 것 같다. 우선 욕망이 자아(Ego)의 기본적 욕구충족(건강에 대한 염려와 웰빙 등)과 다른 것을 인식하는 것이 중요하다. 욕망과의 만남이 진정한 자기실현의 방법이고 행복의 비결이다. 이 흐름은 굉장히 깊은 타자와의 연대의

울림이 있어 개별적인 수준의 자아 발전과는 차원이 다르다. 이 같은 욕망은 자기보다 못사는 사람을 차별하고 무시하는 것이 아니라 그들도 인간답게 살 수 있도록 하자는 평등의식으로 이끌게 된다. 고립된 개개인의 삶은 아무 의미가 없다고 생각한 것이 체 게바라의 인식이기도 하다.

그런데 이 밑에서부터 올라오는 욕망에 귀를 기울일 수 있는 것은 돈보다 '시간적 여유'인 것 같다. 필자가 머무는 호텔 부근에 아주 맛이 있고 값이 싼 식당이 있는데 문을 새벽 6시 반부터 오후 2시 반까지 열고 토, 일요일에는 아예 열지도 않는다. 효용성만을 추구하는 우리로서는 이해가 안가는 라틴아메리카인들의 삶의 방식이다.

베네수엘라 정치 경제 현실은 현재 매우 어지럽다. 주요 외환 수입원인 석유가격 하락으로 인해 달러가 귀하다. 그럼에도 달러를 가난한 사람들에게 인기전술(포퓰리즘)로 막 풀어준다는 게 우파들의 비난이다. 달러가 공식 환율보다 몇 배 이상으로 시장에서 거래되고 있다. 5천 볼리바르가 5볼리바르가 되는 식으로 화폐개혁을 하였어도 경제가 안정되지 않고 있다. 그리고 최근에는 마두로 정부에 대해 우파들이 집중적으로 격렬한 시위를 전개하고 있어 정치적으로 안정이 되지 못하고 있다. 일부 평론가들은 베네수엘라가 디폴트를 맞을 것으로 예상하기도 한다. 그러나 또 다른 평론가들은 그렇지 않을 것이라고 한다. 그 이유 중 하나는 중국의 막대한 재정지원이 있기 때문이라고 한다.

관광자원으로 산호세, 라 파스토라와 같은 구역은 옛 원형이 보존되어 있어 좁은 골목길 등이 초라한 듯 보이지만 예전의 베네수엘라의 과거를 조금이나마 살펴볼 수 있어 의미가 크다. 카라카스 시는 다방면에 걸쳐 흥미로운 볼거리들로 가득하며 특히 유명한 관광지로는 연방빌딩(Capitolio Federal), 국립묘지(Panteon Nacional), 테레사 카레뇨 문화 공간(Teresa Carreño Cultural Complex), 카라카스 대성당(Caracas Cathedral) 등이 있다.

베네수엘라를 대표하는 국립 센트럴 대학교는 베네수엘라에서 가장 오래된 대학교로, 1721년 펠리페 5세(Philip V of Spain, 1683~1746)가 성 프란치스코 성당(San Francisco Church) 수도원에 카라카스 레알 이 폰티피치아 대학교(Universidad Realy Pontificia de Caracas)로 세웠다. 11개 학부, 40개 학과로 이루어져 있다. 캠퍼스는 수도 카라카스와 마라카이에 있으며 주 캠퍼스는 베네수엘라의 건축가 카를로스 라울 비야누에바(Carlos Raúl Villanueva)가 설계했으며, 현대적 건축 모더니즘 운동의 좋은 본보기로 인정받아 2000년 유네스코(UNESCO, 국제연합교육과학문화기구) 세계문화유산으로 지정되었다. 특히 중앙에 있는 캠퍼스 건물은 현대 건축 및 미술계에서 최고의 명작 중 하나로 손꼽히고 있다. 이 건물은 현대 건축계의 거장 28명이 공동으로 설계했으며 이들 중에는 알렉산더 칼데르, 알레한드로 오테로, 페르낭 레제, 오스왈도 비가스가 포함되어 있다. 이 대학교의 정문 입구 한쪽에는 1973년에 피노체트 군부 쿠데타로 실각한 아옌데의 흉상이 놓여 있다.

사립대학교인 시몬 볼리바르 대학교는 베네수엘라의 수도 카라카스 부근에 있는 공립대학이다. 1967년 과학과 기술에 중점을 둔 카라카스 대학교(Universidad de Caracas)로 설립하였다. 이후 국립 센트럴 대학교의 원래 이름이었던 '카라카스 대학교'와 혼동되자 1969년 독립운동지도자 시몬 볼리바르에서 따온 이름으로 바꾸었다. 과학대학, 건축 · 도시계획대학, 공학대학의 3개 대학과 기술계통의 24개 전공 외에 3개 대학원이 있으며, 과학 · 공학 분야의 명성이 높다. 캠퍼스는 카라카스 남부, 미란다 주(Miranda State) 바루타(Baruta)의 사르테네하스(Sartenejas) 계곡에 있다.

2부

라틴아메리카의 지역문화

마야의 기억: 치치카스테낭고

코노수르(Cono Sur) 지역의 문화유산: 마테차 이야기

마야의 기억
: 치치카스테낭고

아메리카의 발견과 정복

지금의 라틴아메리카에는 중미 지역의 마야문명을 비롯하여 멕시코 지방의 아스텍 문명과 남미의 잉카 문명 등 우리에게 제법 익숙한 이름들의 문명들이 발전하였다. 우리와 다른 기간과 공간에 존재한 고대문명에 대한 끊임없는 호기심과 동경의 시선은 언제나 그들의 발자취를 따라가고 있었다. 지금 우리와는 너무 다른 일상과 삶의 방식을 가진 '타자'들의 문화와 '미지의' 세계를 향한 관심은 결국 우리의 과거이기도 한 또 다른 '인류'의 모습을 엿보고 싶은 마음일 것이다.

그런데 혹시 우리들은 과거의 인류를 미개인으로, 지금의 우리와 다가오는 미래 세대들은 문명인으로 구분하여 바라보고 있지는 않은지 되새겨보자. 아니라면 다행이지만 혹시 미개인과 문명인의 차이가 분명히 존재한다고 믿는다면 19세기 초 북아메리카 부족을 연구한 한 학자의 경험담을 들어보자.

> 나는 1921년의 탐험 여행 때 대원 가운데 한 식물학자의 '어리석은' 열의에 대해 마르키즈 제도 원주민들이 웃고 떠들던 일을 생생하게 기억하고 있다. 그 학자는 이름 없는(아무 쓸모없는) '잡초들'을 수집하며 그 이름을 원주민들에게 묻곤 했던 것이다.

이어서, 아프리카에 처음 도착한 한 서구여성이 그곳의 부족들이 알려주는 식물의 종류 이름을 배우면서 그녀가 겪은 난처한 경험을 기술한 내용을 살펴보자.

> 이 원주민들은 농경민이었다. 따라서 그들에게 식물이란 인간만큼이나 중요하고 친숙한 것이었다. 나는 농가에 한 번도 살아본 적이 없었고, 따라서 어느 것이 베고니아이며, 달리아이고, 페튜니아인지 분간할 자신이 없었다. 식물이란 마치 대수학처럼 서로 같아 보이면서도 다르고, 다르게 보이면서 같아 보였다. 그래서 식물학은 마치 수학처럼 나를 혼란스럽게 한다. 나는 난생처음으로 열 살짜리 아이가 나보다 수학을 잘하지 못하는 사회에 왔지만, 이 사회는 또한 남녀노소 할 것 없이 누구나 몇백 종의 식물을 알고 있는 세계였다. 내 원주민 선생은 나를 당혹하게 만드는 것이 그들의 말이 아니라 그 식물들이었다는 사실을 전혀 깨닫지 못했으리라.

스페인은 지금의 라틴아메리카를 약 300년간 식민통치 하였다. 1492년 콜럼버스가 발견한 아메리카의 신대륙에는 황금과 은이 가득하다는 소문이 나돌았으며, 심지어 금으로 가득한 왕국이 존재한다는 엘도라도(금으로 덮인)의 전설을 만들어내기도 하였다. 황금과 은에 대한 유럽의 탐욕으로 아메리카 원주민들은 영문도 모른 채 탄광과 불모의 척박한 땅으로 끌려다니며 희생되었다. 북아메리카의 원주민들이 아무 쓸모도 없는 잡초의 이름을 묻는 '문명세계'의 식물학자의 모습을 의아하게 바라보았던 것처럼 이들도 유럽인들이 왜 그토록 황금에 집착하는지 의아할 수밖에 없었다.

현재 라틴아메리카 대륙의 국가들

우리는 일명 과학이라는 이름으로 수천 년 전 존재했을 문화와 문명에 대하여 한편으로 경외심과 동경하는 마음을 가지고 있지만 다른 한편으로는 지금의 현대 문명이 과거의 그 어떤 문명보다 월등하고 진보적이라는 생각을 가지고 있는 듯하다. 이것이야말로 우리들이 과거를 평가하는 이중적인 모습일 것이다. 시공간을 뛰어넘어 모든 사회의 문명과 문화는 그 자체로 존재 이유와 방식을 내재하는 총체적인 결정체로 이해해야 한다. 새삼스럽게 문화상대주의를 내세우려는 것이 아니라, 우리가 '교양 있음'으로 이해하는 '문명화됨'은 서구사회가 지난 2~3세기 동안 동시대의 다른 지역의 타문화를 열등한 것으로 규정하고 서구인들의 전통적이 미개인관을 발전시킨 토대가 되었다는 사실에 주목해야 한다. 왜냐하면 우리들은 이 같은 서구식 문화적 편견을 그대로 받아들여 '미개'와 '문명'을 구분 짓는 것에 익숙해져버렸기 때문이다.

1492년 콜럼버스가 발견한 아메리카는 미개와 야만이 넘치는 곳이 아니었다. 유럽인들은 자신들이 발견한 신대륙을 '미개한 사회'라고 믿고 싶었고, 서구 문명과 종교를 전파해야 하는 그들의 사명은 침략과 정복행위를 정당화하는 것이었으며, 지난 500여 년 동안 라틴아메리카 대륙을 수탈할 수 있는 식민지 지배 이데올로기의 수단이었을 뿐이다.

이처럼 지금의 라틴아메리카에서 번성했던 문명들은 유럽인의 침략과 정복으로 차례대로 무너져, 급기야 아메리카의 원주민들은 500년이 넘는 긴 시간 동안 자신들이 맞이한 비극의 원인을 알지 못한 채 숨죽이며 살아왔다. 대체 이들에게 무슨 일이 있었던 것일까? 유럽인이 신대륙에 도착하는 15세기 후반까지 지금의 중앙아메리카에 해당하는 메소아메리카 지역에서 번성했던 마야사회의 어제와 오늘에 대해서 잠시 이야기해보자.

마야문명의 기원

마야문명은 대략 기원전 2000년 전부터 스페인 정복이 시작되는 15세기 후반(1492)까지 약 3500년 동안 현재 멕시코, 과테말라, 벨리즈, 온두라스와 엘살바도르를 포함하는 메소아메리카 지역에서 번성한 문명 중의 하나이다. 이 지역에서는 메소아메리카 문명으로 통칭되며 흥망을 거듭했던 다양한 문명이 존재했는데 올메카, 테오티우아칸, 우아스테카, 사포테카, 마야, 아스테카 등이 이에 속한다. 메소아메리카의 문명들은 오랜 시간 서로 영향을 주고받으며 발전하였으며, 농사를 짓기 시작하면서 정착생활이 시작되었다. 이후 도시가 형성되면서 함께 발전한 건축 기술 등은 현대의 과학과 견주어 봐도 손색이 없을 만큼 정교하고 뛰어나다. 특히 마야인들의 심오한 세계관과 고도로 발달한 천문학이나 수학에 대한 지식은 여전히 풀리지 않는 미스터리한 업적으로 세간의 관심과 주목을 받고 있으며, 신비와 경외의 대상이기도 하다.

마야인들은 기원전 약 2000년 전부터 과테말라 서부해안에서부터 문명을 시작하여 과테말라 북쪽의 페텐(Petén) 지방과 현재 멕시코 유카탄 반도 남부와 치아파스 주, 그리고 벨리즈, 온두라스 등을 거쳐 문명을 시작했을 것으로 보고 있다. 또한 현재 멕시코 남동부 해안에서 발생하여 중앙아메리카 최초의 도시문화와 농경생활을 선보였던 올메카족의 영향을 많이 받아 번성했을 것이라고 알려져 있다. 중앙아메리카 지역에서 발전했던 여러 문명과 문화를 구분하는 기준은 대체적으로 당시의 언어, 달력, 상형문자, 건축 등을 토대로 하고 있다.

3000년 이상 지속되었던 마야 문명은 가장 번성했던 시기를 고전기라 부르며 시기적으로는 기원전 약 300년을 전후로 하여 약 1000년간의 전성기를 맞이한 것으로 보고 있다. 고전기 시대에는 현재 과테말라 지역, 온두라스, 벨리즈, 멕시코의 치아파스 주와 유가탄 남부 지역 등을 포함한 지역에 분포하며 화려한 번성기를 맞이하였다. 이후에는 마야 사람들의 주요 무대가 현재 멕시코 유카탄 반도의 북쪽으로 확대되어 다시 약 500년간의 찬란한 문화를 발전시켰다.

이처럼 15세기 이후 스페인의 군대가 현재의 중앙아메리카를 정복할 때까지 약 3,500년간 발전한 마야문명은, 유럽인의 침략과 약탈이 본격적으로 시작되면서 그들의 정통 생활양식과 문화는 해체되어갔으며, 서구식 종교와 문명을 강요하는 정복자의 식민체제와 함께 아메리카에서는 500년의 식민지 역사가 시작되었다.

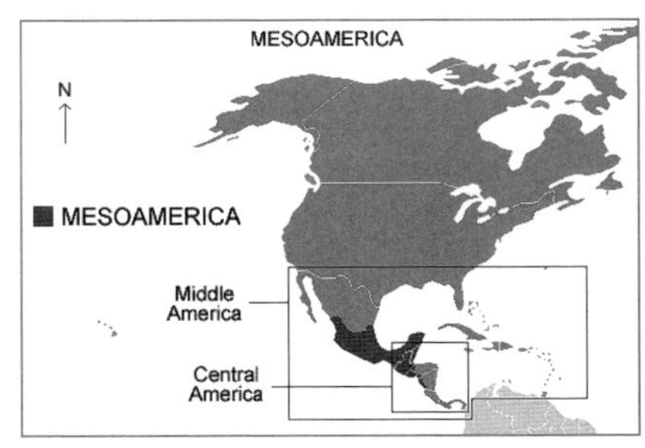

메소아메리카 지역

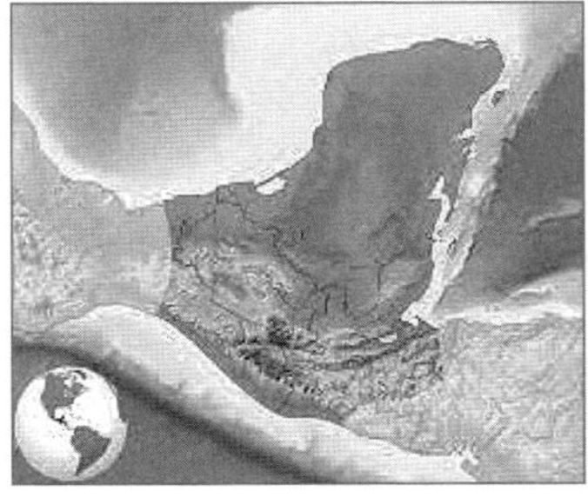
마야문명 번성지역(현재 중앙아메리카)

마야문명의 세계관

마야의 창조신화가 모두 하늘과 연관되어 있듯이 마야 유적지 대부분에서 발견되는 피라미드는 별들의 움직임을 관찰하는 곳이자 제례와 다양한 종교 의식을 치르는 장소였으며 천문학적인 지식이 축적되는 장소이기도 하였다. 마야인들의 세계관에 따르면 우주는 서로 포개져 있는 세 개의 공간으로 나뉘어 있으며, 땅의 모습이 판판하고 네모진 사각형이며 두 개의 초자연적인 공간인 하늘세계와 지하세계를 가각 위 아래로 받치고 있다고 믿고 있었다. 하늘과 땅이 사각형인 것은 우주가 정방형이라고 추측했기 때문인데, 그들이 사는 마을이나 밀파(milpa)라고 부르는 옥수수 밭, 집 등의 모양을 모두 사각형으로 만든 것도 이와 같은 세계관과 무관하지 않다. 마야인들이 제례 의식을 치르던 제단의 모양도 모두 정방형으로 되어 있다. 다음의 사진들은 현재 과테말라 마야 부족의 하나인 키체족의 제례 의식을 보여주고 있다. 초와 꽃잎으로 장식한 제단의 모양이 정사각형인 것을 발견할 수 있는데, 이처럼 마야인들이 상상한 세계는 정사각형으로 이루어져 있었던 것이다.

마야 키체족의 제례 의식을 준비하는 모습

마야 키체족의 제례 행사

마야인은 지상세계와 하늘세계 사이에는 각각 13개의 층으로 이루어져 있다고 믿었으며, 일곱 번째 계단까지는 올라가는 것이고 여덟 번째 계단부터 내려와서 땅위에 닿는다고 여겼던 것 같다. 우주의 중심에는 우주목이 있으며 네 개의 나무가 지구의 모서리에 서서 하늘을 떠받치고 있다고 생각했다. 이때의 우주목이 바로 1955년 과테말라 국가의 상징목(木)으로 지정된 세이바(Ceiba) 나무이다.

세이바는 항상 푸르고 잎이 무성하여 마야인들에게는 신성한 나무로 여겨졌다. 세이바 나무의 끝은 "하늘의 세계"에 닿는다고 믿었으며 지상과 천상을 오르고 내리는 통로일 뿐 아니라 생명의 회귀과정을 상징하는 것이기도 하였다. 이에 따라 마야인들의 고대 상형문자의 판독은 아래에서 위 방향으로 진행되는데 식물이 땅에서 하늘을 향하는 방향으로 자라는 것과 같은 이치로 해석한 것으로 마야인들의 세계관을 엿볼 수 있는 부분이다.

과테말라 세이바(Ceiba) 나무.
현재 마야유적의 중심지인 티깔(Tikal) 지역에 있음

이처럼 마야인들은 평범한 일상생활, 농경재배 및 제례 의식 등을 통해 자신들의 세계관을 직간접적으로 표현하였는데, 공놀이(Juego de Pelota)와 같은 놀이를 통해서도 그들의 세계관을 엿볼 수 있다. 이때의 공은 태양의 움직임을 상징하는 것이었으며, 놀이의 법칙은 고무로 만든 공으로 편을 나누어 손을 이용하는 대신 골반, 엉덩이, 가슴 등으로 공을 주고받아 상대의 골문에 넣는 방식이었다. 이때 공의 크기나 무게는 다양했던 것으로 알려져 있는데 무게가 4kg이 되는 것도 있었다.

마야의 공놀이(juego de pelota)

공놀이는 천체의 움직임을 표현하며 동에서 서, 서에서 동으로 움직이는 별들의 움직임을 나타내는 것이었다. 옥수수가 주요 식량이었던 마야인들은 농업사회였고 당연히 천체의 움직임을 보고 농경에 필요한 정보들을 얻었던 것이다. 뿐만 아니라, 마야인들은 태어나는 아이의 운명을 당시의 별자리를 통해 예언하기도 하였으며, 지금 우리의 산파에 해당하는 꼬마드로나(comadrona)는 산모의 상태 및 태반 등을 이용하여 아이의 운명을 예측하기도 하였다. 이 같은 전통은 마야 의식이나 제례를 주관하는 사제를 결정하거나 부족의 지도자를 예언하는 등 여전히 마야 전통사회에서 상당부분 유지되고 있다고 한다.

마야 사회의 구성 방식의 하나였던 촌락 중심의 공동체 생활 방식에서도 마야인들의 세계관을 엿볼 수 있다. 이는 촌락마다 산재하는 작은 제전의 중심지는 중앙의 더 큰 제전으로 연결되는 구조로 이루어져 있는데, 바로 이것이 우주와 별들의 움직임을 상징하는 것으로 여겨졌기 때문이었다. 촌락 중심의 분산적인 사회구조는 종교적 제전을 통해 전체로 연결되는 구조였다. 따라서 이때 제전을 총괄하고 하늘을 관찰하며 미래를 예측할 수 있는 능력이 있는 사제의 존재는 매우 중요했다.

마야인들이 제례를 행하는 대상은 아하우(Ajaw)였다. 아하우는 마야어로 '주인' 혹은 '창조자'로 번역되기도 하는데, 이는 마야인들의 조상(선조)을 일컫는 말이다. 16세기에 편찬된 멕시코 유카탄 백과사전인 모툴(motul) 사전(마야 언어사전)에 따르면 아하우는 '왕' 혹은 '황제' 등의 의미로 해석한다고 설명하고 있다. 이 같은 내용에 비추어 볼 때 마야인들에게 아하우는 자신들의 기원이 되는 존재인 동시에 부모와 같은 선조들을 통칭하여 일컫는 의미일 것이다. 참고로 이들은 서구사회의 가톨릭 종교에서 지칭하는 '신'을 절대 유일신의 존재라기보다 유럽인들의 기원이 되는 조상신(神) 중의 하나로 이해하고 있다.

옥수수는 마야인들의 주식이었다. 따라서 마야 사회의 종교와 일상생활에 이르기까지 깊숙이 관련되어 있었으며, 마야문명의 발전과 번영에 크게 이바지한 식량이었다. 구유럽이 만성적인 곡물 부족으로 기아를 겪는 동안, 메소아메리카에서는 생산성이 높은 옥수수 재배를 통해 풍부한 식량 확보를 할 수 있었고, 이로 인해 마야 문화를 번성시킬 수 있었다. 즉 옥수수는 마야문명이 번성할 수 있었던 주요한 물질적 기반이 되어주었던 것이다. 마야인들의 창조 신화 및 영웅 서사시 등을 담고 있는 그들 조상의 유산과도 같은 책인 포폴부(Polpo-Vuh)에도 옥수수의 신이 첫 번째 마야인이 되었다는 내용의 신화가 나오는 등 그들에게 옥수수는 자신들을 창조한 신의 모습이자 생존에 가장 중요한 농작물이었던 것이다.

마야문명의 문화유산 포폴부

포폴부는 마야어의 하나인 키체어로 구전되어 전해 오던 이야기를 키체족의 한 원주민이 라틴문자를 차용하여 기록한 마야인들의 책으로, 키체어로 '공동체(Polpo)의 책(Vuh)'이라는 의미를 가지고 있다. 이처럼 마야인들의 이야기는 16세기 중반 한 키체족에 의해 문자화될 때까지 오직 구전으로만 전해 내려왔던 것으로 보인다. 이후 포볼부에 쓰인 내용은 마야 유적지에서 발견되는 비문이나 상형문자 등의 해석에서 나타나는 내용과도 일치하는 것으로 드러났다.

이처럼 포폴부의 내용은 이미 초기 마야 시대부터 전해 내려오는 그들의 신화에 관한 것으로, 기원전 600년부터 기원후 300년 사이의 대표적인 유적지인 이싸빠(Itzapa)에서 발견된 100개 이상의 비석에 포폴부의 내용이 거의 대부분 기록되어 있는 등 마야 유적지의 비문과 부조에서 포폴부의 내용을 어렵지 않게 찾을 수 있다. 포폴부의 이야기는 마야인들 제전의 중심인 피라미드의 비문과 돋을새김, 토기 등에서 쉽게 발견되면서 마야 사회에 있어 사고체계의 중심을 이루고 있음을 알 수 있다.

당시 키체어로 쓰인 이 문서는 18세기 초 과테말라 도미니크회 사제였던 스페인 출신의 신부 히메네스(Jiménez)가 처음으로 발견하여 1721년에 스페인어로 번역한 것이 현재에 이르고 있다. 키체어로 쓰인 포폴부의 원본은 그 뒤로 종적을 감추었으며, 히메네스 신부의 번역본은 도미니크회가 과테말라에서 추방당하는 1829년까지 내용이 거의 공개되지 않은 채 수도회의 관리하에 있었다.

유럽의 정복자들은 자신들이 무력으로 굴복시킨 피정복민들의 창조 신화와 영웅들의 이야기를 담은 책이 공개되는 것은 정복자들의 입장에서는 결코 바람직한 것이 아니었을 것이다. 왜냐하면 스페인 사람들은 현재 과테말라 지방을 1520년대 정복한 이후 줄곧 마야 원주민을 유럽인보다 열등한 인종으로 폄하하고 그들의 종교와 문화를 왜곡하였으며, 그들을 노예로 만들고 강제노동과 수탈이라는 '야만적인' 정복행위를 통해 자신들의 서구 '문명'을 아메리카에 이식하고 있었기 때문이다.

포폴부 첫페이지

시카고 도서관에 보관중인 포폴부

이후 과테말라 국립대학인 산카를로스 대학에 보관 중이던 포폴부는 브라쇠르 드 부르부르(Brasseur de Bourbourg) 사제에 의해 프랑스로 반출되었으며, 미국 시카고 출신인 에드워드 아이어(Edward

Ayer)가 17,000장에 달하는 포폴부를 1887년 경매를 통해 구입한 후, 1897부터 1911년에 걸쳐 시카고 뉴베리(Newberry)도서관에 기증되어 현재까지 보관 중에 있다.

마야인의 시간과 달력

마야인들이 사용한 달력은 주기적으로 반복되는 체계를 가지고 있다. 마야인들이 사용한 마야력은 기원전 3114년 8월 13일을 원년으로 하여 13.0.0.0.0 체계를 이용하였으며, 이때 20진법을 사용하였다. 20진법으로 이루어진 긴 주기의 달력 체계는 낮은 자릿수부터 킨(K'in), 위날(Winal), 툰(Tun), 카툰 (K'atun), 박툰(Bak'tun)이라 하였다. 1킨은 1일, 1위날은 20일, 1툰은 360일, 1카툰은 7,200일, 1박툰은 144,000일로, 하나의 박툰 1.0.0.0.0은 우리의 달력으로 144,000일을 의미하면서, 약 400년이 되는 셈이다. 위 내용을 간단한 도식으로 나타내면 다음과 같다.

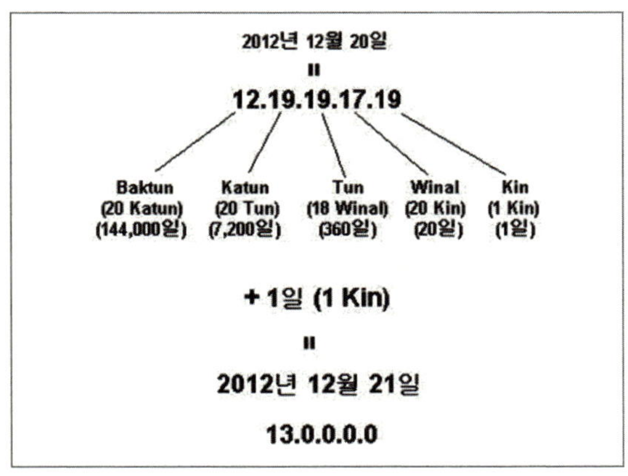

마야인들의 달력 체계에 따라 1박툰은 마야 시간의 한 주기이며, 총 13의 주기로 이루어진 것으로 해석하여, 시간의 전진은 13박툰의 주기가 반복되며 흘러가는 것으로 보았던 듯하다. 기원전 3114년을 원년으로 하여 만들어진 이 체계에 따르면 13박툰(약 5129년)은 2012년 12월 21일을 끝으로 13.0.0.0.0의 한 주기는 종료가 되는 것었다.

이 같은 사실에 근거하여 일부에서는 마야인의 달력 체계를 두고 세상의 종말론과 연관을 짓기도 하였다. 그러나 이 같은 마야 시간에 대한 왜곡은 관광 상품 개발과 상업적인 목적으로 만들어낸 유언비어로 드러났다.

정작 마야인들은 기원전 3114년에 시작하여 13박툰의 주기가 끝나는 2012년 12월 21을 기점으로 세상의 종말이 아닌 1박툰의 주기가 다시 시작되면서 새로운 시대가 열리는 것으로 받아들였다. 즉, 새로운 세상이 도래한다고 믿었던 것이다. 13박툰이라는 한 주기가 끝나기 전까지 세상에 알려지면 안 되었던 마야인들의 '미스테리한' 사실들이 점차 드러나게 되는 시대가 열리는 것으로 받아들였던 것 같기도 하다. 이처럼 마야력에 나타난 그들의 시간은 한 선으로 흘러감에도 불구하고 그 시간은 주기적이라는 개념을 받아들이는 세계관과 일치하고 있다.

13박툰의 종료를 알리는 것을 기념하기 위해 과테말라 치치카스테낭고에 있는 마야-키체 부족회는 2012년 메소아메리카 지역에서 유일하게 마야인의 공동소유 토지에 고대 마야인들의 신화가 담긴 형상과 해석을 조합한 기념광장을 짓기도 하였다. 다음 장의 사진은 13박툰 종료를 기념하여 세운 광장의 전경이며, 방위 동서남북과 우주의 중심을 의미하는 광장의 중앙에 형상들이 세워져 있는 것을 볼 수 있다. 각각의 형상들은 마야인들의 세계관을 비

13박툰 기념광장(과테말라)

13박툰 기념광장의 형상(과테말라)

롯하여, 500년 파괴의 역사를 항의하는 모습부터 새로운 미래가 도래한다는 의미 등을 담고 있다.

마야인들에게 13이라는 숫자는 특별한 의미를 갖는 것으로 보인다. 마야력의 한 주기가 끝나는 13박툰을 비롯하여, 종교의 제례 의식을 위해 사용했을 것으로 추정되는 쫄킨(Tzolkin) 달력은 20개의 그림문자와 13개의 숫자 문자를 조합하여 260일을 1년 주기로 하는 달력을 만들기도 했다. 마야인의 13의 수는 엄지손가락을 한 마디로 하여 나머지 네 손가락 마디의 총합으로 이루어진 수를 의미하는 것이다.

마야 달력의 위대한 업적은 현대과학으로도 좀처럼 밝히기 어려운 태양계의 정확한 운행을 예측한 고도의 정밀성과 정확성을 가졌다는 것이다. 수천 년 전에 이미 아무런 과학 장비도 없이 태양계의 흐름과 지구의 공전 주기를 비롯하여, 일식, 월식, 금성의 주기 등 별들의 움직임을 정확히 밝혀낸 것이다.

Imix	해룡	Ik	공기	Akbal	어둠	Kan	옥수수	Chicchan	뱀
Cimi	죽음	Manik	사슴	Lamat	토끼	Muluc	비	Oc	개
Chuen	원숭이	Eb	빗자루	Ben	갈대	Ix	재규어	Men	독수리
Cib	처	Caban	힘	Etz'nab	칼	Cauac	폭풍	Ahau	제왕

쫄킨 달력에 사용한 20개의 상형문자

과테말라 마야인의 후손들

고대 인류 문명의 한 획을 그으며 약 3,000년 이상 지속되었던 마야 문명은 갑자기 사라져버린 문명으로 이해되고 있다. 그러나 마야 문화가 가장 번성했던 시기인 고전기(기원후 500년 전후)의 괄목할 만한 성장을 바탕으로 마야의 문명은 지속적으로 변화된 양상으로 발전하고 지금까지 그 전통과 문화를 계승하고 있는 것으로 이해해야 맞을 것이다. 마야문화의 전성기인 고전기는 약 1,000년 정도 지속된 것으로 알려져 있다. 인류 역사의 어디에도 수천 년간 아무런 변화 없이 계속된 왕조나 문명은 찾아보기 힘들다. 그렇다고 해서 세계의 고대문명들을 갑자기 인류 역사에서 사라진 것으로 취급하지는 않는다.

이처럼 아메리카 고대의 마야문명도 사라져버린 과거에 존재했던 박제화된 문명이 아니라 여전히 현재 진행 중인 인류의 문화로 바라보아야 할 것이다. 현재 과테말라 인구의 절반 이상은 마야인으로 이루어져 있으며 그들은 여전히 그들의 전통과 문화를 이어가며 살아가고 있다. 마야는 엄연히 현실에 존재하며 우리 인류와 공존하고 있는 현재 진행형의 문화인 것이다.

과테말라 마야언어와 부족

3,500여 년 동안 지속된 마야문명은 번성한 지역과 이주한 경로에 따라 언어의 계열이 나뉘면서 약 40여 개의 다양한 언어가 형성되었다. 현재 과테말라 정부는 1996년 22개의 마야 언어를 공식적으로 인정하였다. 지금까지 과테말라에서 마야인들은 국가의 '근대화'를 위한 장애물이자 '문명화'의 대상이었으므로 그들의 전통의상과 언어 사용을 금지하기도 하였다. 이 같은 과거에 비하면 현재 과테말라 마야인의 사정은 과거에 비하면 상당히 개선된 것이다.

2003년 과테말라 인구센서스 공식발표에 따르면 전체인구는 약 1,500만 명으로 대한민국의 약 1/3 수준이다. 그리고 이 중 약 41%가 스스로를 원주민(대부분은 마야인)으로 인식하고 있는 것으로 나타났으나, 실제로는 과테말라 인구의 60% 이상이 이에 해당한다고 볼 수 있다. 과테말라 사회는 소수의 백인과 메스티소라고 부르는 혼혈(백인과 마야인), 그리고 마야인의 후손들인 원주민으로 구성된 사회이다.

현재 과테말라의 가장 많은 언어 부족은 키체족(Quiché)으로 전체 약 800만 명의 마야원주민 가운데 30% 이상을 차지하고 있는 것으로 나타나고 있으며, 과테말라 7개 주 65개 시에 골고루 분포하고 있다. 마야어군(語群)에 속하는 22개의 마야어들은 서로 유사성을 가지고 각기 다른 문화적 특색을 바탕으로 계승되고 있으며 언어를 기준으로 조금씩 다르게 형성된 마야 부족들의 고유한 전통과 문화는 다채롭게 유지되고 있다. 다음은 과테말라에서 현재 사용인구가 많은 마야어를 순서대로 나타낸 것이다.

(1) K'iche (끼체)	(12) Chuj (추흐)
(2) Kaqchikel (깍치껠)	(13) Poqomam (뽀꼬맘)
(3) Q'eqchi' (껙치)	(14) Ch'orti' (초르띠)
(4) Mam (맘)	(15) Awakateco (아와까떼꼬)
(5) Poqomchi (뽀꼼치)	(16) Sakapulteko (사까뿔떼꼬)
(6) Tz'utujil (쭈투힐)	(17) Sipakapense (시빠까뻰세)
(7) Achí (아치)	(18) Uspanteko (우스빤떼꼬)
(8) Q'anjob'al (깡호발)	(19) Tektiteko (떽띠떼꼬)
(9) Ixil (익씰)	(20) Mopan (모빤)
(10) Akateko (아까떼꼬)	(21) Itza (잇짜)
(11) Popti (뽑티)	(22) Chalchiteko (찰치떼꼬)

사용인구가 많은 마야언어순

이처럼 오랜 시간 흥망성쇠를 거듭하며 지속 발전되었던 마야문화는 과테말라 지역에서만도 약 22개의 언어로 나뉘어 조금씩 다른 문화와 전통을 유지하며 계승되고 있다. 따라서 멕시코 유카탄 반도와 과테말라 지역의 마야문화는 같은 듯 다르게 발전하기도 하며 현재에 이르고 있다고 할 수 있다. 그렇다면 과테말라 지역의 마야 전통과 문화는 어떻게 계승되고 있는지를 키체 주(州) 치치카스테낭고 시(市)의 경우를 통해 좀 더 자세히 살펴보도록 하자.

과테말라 마야키체 최고부족회 (Autoridad Ancestral de Maya-Quiché)

과테말라 치치카스테낭고 시(市)는 키체 주(州) 남쪽 과테말라시티에서 약 150km 떨어진 곳에 위치하고 있다. 치치카스테낭고는 약 87개의 촌락(canton)으로 이루어진 곳으로, 약 154,000명의 인구 중 대부분은 마야-키체족에 속하는 마야인들이다. 이곳은 마야인들의 책인 포폴부가 발견된 도시이기도 하다. 아래 사진들은 포폴부가 보관되어 있던 산토 토마스(Santo Tomás) 성당의 전경이다.

치치카스테낭고 산토 토마스 성당 전경

과테말라 치치카스테낭고의 '마야-키체 최고부족회'로 번역할 수 있는 "Autoridad Ancestral de Maya-Quiché"은 직역을 하자면 '마야-키체 선조권위기관'의 의미를 담고 있다. 마야-키체 최고부족회의 구성은 촌락의 크기에 따라 지명되는 4~6명의 "winaq"으로 이루어진다. 마야어인 winaq은 '어른'으로 번역될 수 있는데, 마을의 원로나 어른들을 중심으로 이루어진 마야인들의 권위 기관이라고 할 수 있다.

약 87개의 작은 촌락으로 이루어진 치치카스테낭고의 경우 각 촌락을 대표하는 '어른'을 중심으로 하여 부족회가 만들어지는 것이다. 이렇게 구성된 부족회는 1년에 한 번 매해 3월 첫째 주에 열리는 전체 부족회의를 통해 중요 사안을 처리하는 방식으로 운영되고 있다.

이곳 마야인들의 최고 권위기관에 해당하는 마야최고부족회는 스페인 정복자들이 15세기 이후 이곳을 침략하기 이전부터 존재했던 조직으로 마야 전통 사회를 구성하고 유지하는 바탕이었다. 촌락이나 소규모 단위의 마을 원로와 어른들로 구성된 수평적 권력기관으로, 선조 때부터 이어져 오는 전통, 가치, 관습 등을 유지하고 계승하며 마야인들의 결속을 다지고 질서를 유지하는 중심적인 역할을 하는 곳이라고 할 수 있다.

현재 치치카스테낭고 마야-키체 최고부족회는 스페인의 식민지 통치 기간 동안 계속된 탄압과 박해로 인하여 형식적으로는 해체에 가까운 상태로 유지되었으나, 실제로는 비밀리에 지속되었다고 한다. 스페인이 과테말라를 정복한 16세기 초반 마야의 많은 지도자들은 정복자들을 피해 산이나 외진 곳으로 몸을 피해 살았으며, 그들의 정체를 드러내지 않고 외부 노출을 기피하는 방식으로 지금까지 이어져 왔다고 전하고 있다.

실제로 스페인 정복자들은 과테말라 침략 초기 기존의 마야전통 사회의 위계질서를 해체하기 위해 부족의 수장이나 귀족혈통을 제거하는 데 주력하였다. 이를 통해 스페인 식민 지배자들은 마야인의 단결과 집단행동을 할 수 있는 가능성을 차단하여 이후 있을지 모르는 반란이나 봉기의 여지를 없애고자 하였다. 계속되는 스페인 정복자들의 탄압과 박해로 마야인 지도자들의 존재는 비밀리에 유지될 수 밖에 없었으며, 심지어 일반 마야 사람들에게조차 그들의 정체를 쉽게 드러내지 않는 전략으로 지금까지 그 전통이 유지될 수 있었다고 한다.

키체족의 최고부족회의 수장은 마야어로 님 위낙(Nim Winaq)이라는 직함을 갖게 된다. 마야어 Nim은 위대한(great)의 의미로 해석될 수 있을 것이다. 마야인들은 아기가 태어나는 당시의 별자리와 양수, 태반의 상태를 보고 운명을 예언했던 전통에 따라 님 위낙의 자리를 계승하게 되는 사람들의 운명도 예측했다고 한다. 자신의 운명이 님 위낙으로 예언된 사람은 이후 그에 걸맞은 훈련과 교육을 통해 선대 님 위낙이 타계하면 그 자리를 물려받는 방식으로 계승되고 있다고 한다. 이때 님 위낙의 자질이란 무엇보다 자신들의 부족인 마야인과 그 공동체에 헌신하고 봉사하는 자세와 태도를 일컫는 것이다.

과테말라 치치카스테낭고의 님 위낙, 토마스 깔보

20세기 후반까지 쉽게 '보이지 않는' 존재였던 님 위낙은 최근 약 10여 년 전부터 외부적으로 조금씩 활동을 넓혀가고 있다. 스페인으로부터 독립한 19세기 초반에도 마야인들의 온전한 권리와 생존권을 보장받는 것은 쉬운 일이 아니었다. 지난 200년 동안 과테말라에서는 국가의 '근대화'라는 이름으로 마야인들이 여전히 강제노역과 착취의 대상이었으며, 20세기 중반에는 제노사이드와 대량학살이라는 국가 폭력에 의해 희생되기도 하였다. 최근 과테말라 정부가 마야 사회의 언어와 전통, 관습 등 일정한 부분을 인정하는 모습들은 지난 200년간 끊임없이 계속된 마야인들의 인정투쟁의 결과라고 할 수 있을 것이다.

현재 치치카스테낭고 마야-키체 최고부족회 수장인 님 위낙은 토마스 깔보(Tomás Calvo)이다. 그는 1947년에 태어났으며 열아홉 살이 되던 해부터 위낙(Winaq, 어른)으로 지명되었다. 자신의 마야 공동체 촌락에서 부족을 위해 헌신하고 봉사하는 훈련을 통해 정신적 지도자(Guía Espiritual)의 자리를 거쳐, 50세가 되던 해인 1998년 님 위낙의 자리를 계승한 것으로 알려져 있다. 이후 17년 동안 마야 키체 최고부족회 수장인 님 위낙으로서의 역할을 해오고 있다. 뿐만 아니라, 토마스 깔보를 계승하게 될 새로운 님 위낙의 계승자는 이미 결정되어 마야의 공동체 촌락을 다니며 후계자 훈련을 받고 있다고 한다. 수백 년 계속된 핍박과 박해로 인해 익숙해져버린 생존 전략이 되어버린 것일까? 여전히 후계자의 보호를 위해 소수의 마야인들만이 그의 존재를 알고 있다고 덧붙였다.

마야-키체 최고부족회 위낙의 사진들(가운데가 님 위낙인 토마스 깔보)

마야인들은 종교와 정치가 일치하는 신권정치에 가까운 체제를 유지한 것으로 알려져 있는데, 이 같은 전통은 치치카스테낭고 지역의 경우 조금 다르게 발전되었던 것으로 보인다. 아마도 스페인 통치가 시작된 16세기 이후 약 500여 년 동안 마야 사회가 겪은 변화 중의 하나라고도 할 수 있을 것이다.

13박툰 기념광장에서 마야 전통 제례 의식을 행하는 모습

마야 전통사회에서 일반적으로 종교 제례 행사를 관장하는 사제를 마야인들의 최고 권위자로 인식한 것과 다르게, 현재 과테말라의 치치카스테낭고에서는 님 위낙의 지위에 있는 토마스 깔보의 권위를 가장 높게 인정하고 있는 것으로 나타나고 있다. 현재 이 지역의 마야-키체 부족회는 과테말라의 마야문화와 전통을 대표하는 상징적

인 역할을 하고 있다.

과테말라 치치카스테낭고의 경우 스페인 정복 이후 가톨릭의 도입으로 마야 고유의 신앙과 결합된 혼합 종교(cyncretismo)가 발전하였을 것이라는 기존의 믿음과는 구별되는 다른 신앙 의식을 갖고 있는 듯하다. 즉, 이 지역 마야인들이 제례를 통해 소통하려는 대상은 그들의 조상이며 선조라는 것이다. 따라서 서구인들의 '신'의 개념도 결국은 그들의 기원을 의미하는 것으로 각기 다른 민족의 기원과 신앙이 존중되고 인정되어야 한다고 주장한다.

스페인 지배 당시 종교의식으로
사용했던 형상들을 보관하고 있는 모습

제를 올리는 모습

과테말라 '유일의' 원주민 시정부 (Municipaliddad Indígena)

과테말라의 전체 인구는 마야인들이 절반 이상을 차지하고 있는 만큼 전 지역에 걸쳐 마야인들의 문화적 전통이나 과거의 생활 방식을 상당 부분 유지하고 있는 곳이다. 과테말라의 수도인 과테말라시티와 같은 대도시 몇 곳을 제외한 대부분의 지역은 여전히 농업에 종사하는 인구가 대다수이며, 이들의 다수는 마야인의 후손들이다.

과거 스페인이 과테말라를 정복한 이후 피정복민에 대한 지배와 관리를 용이하게 하기 위해 고안한 통치 수단이 있었는데, 바로 스페인 사람들을 위한 행정기구와 당시 노예신분이나 다름이 없었던 마야인들을 통치하는 지배 기구인 원주민 시정부를 각각 별도로 운영하는 바로 '두 개의 공화국(Dos Repúlicas)' 제도였다. 당시 원주민 시정부는 스페인 통치자들이 이미 수적으로나 '문화적'으로도 열세일 수밖에 없었던 상황에서 마야인의 전통적인 위계질서를 회복하여 소수의 마야 지배층을 이용하여 식민통치를 수월하도록 하기 위한 방편이었을 것이다.

스페인 식민시기에 고안된 원주민 시정부는 현재까지 이어져 오고 있으며, 물론 식민통치를 위한 목적과는 조금 다른 방식으로 운영되고 있으나 구성과 운영방식은 예전과 크게 다르지 않다. 현재의 원주민 시정부 제도는 2002년 과테말라 정부가 지방자치법의 법령에 따라 합법적으로 인정한 제도적 기구이자 합법적 기구가 되었다. 이를 통해 마야인들은 예전에 그들이 공동으로 소유했던 땅을 회복하거나 과거의 문화재에 대한 권리를 요구할 수 있는 자격을 '정식으로' 가질 수 있게 되었다.

이 같은 제도를 통해 치치카스테낭고 시에는 보통선거로 선출되는 시장이 관장하는 시정부와 이 지역 마야공동체들의 합의에 의해 만들어진 '원주민 시정부'가 대등하게 존재하고 있다. 이때 마야-키체 최고부족회는 여전히 원주민 시정부를 관장하는 최종 심급의 권위기관이며, 원주민 시정부의 시장을 선출하는 방식은 매년 5월에 열리는 마야-키체 부족회의에서 결정하여 임명하게 된다. 5월 부족회의에서 결정된 시장의 임기는 이듬해 1월 1일부터 12월 30일 자정까지 주어진다.

치치카스테낭고 2005년 원주민 시장(가운데), 호세 마까리오(Jose Macario)

2014년 원주민 시장 호세 모랄레스 까렐(Jose Morales Calel). 원주민 시청사 입구에 서 있다.

2005년에 원주민 시정부의 시장을 지냈던 호세 마까리오는 마야-키체 최고부족회의 지시에 따라, 과테말라 전 지역의 마야 부족을 순례하며, 그동안 약화되었던 마야인 고유의 권위기관이자 지도기관인 마야최고부족회(Autoridad Ancestral de Maya)의 부활을 독려하고 마야부족의 연합을 호소하는 메시지를 전달하기도 하였다.

이미 언급했듯이 원주민 시정부를 구성하는 방식은 마야-키체 부족회의 결정에 따라 임원들을 임명하고 관리하는 방식이다. 전자가 행정적인 업무, 즉 사법권을 비롯한 법적 대리인의 역할을 하는 곳이라면, 후자는 스페인 정복 이전부터 존재한 과거 마야 전통 사회의 질서와 통치 원리의 바탕이 되는 자생적인 통치 기구였을 것으로 보인다.

현재 치치카스테낭고의 시정부, 즉 선거에 선출되는 시정부의 역할은 인프라 건설 및 관리위주의 업무를 담당하는 반면 원주민의 시정부는 사법권을 비롯하여 문화 및 전통계승, 그리고 성당 등과 같은 문화재에 대한 소유권을 가지고 있다.

과테말라 근대사의 마야사람들

과테말라 근대사에서 마야인의 언어, 전통, 문화 등은 배척되었으며 급기야는 법적으로 그들의 전통의상이나 언어를 사용하는 것을 금지했던 시기도 있었다. 과테말라 지배계층은 마야사람들이 그들의 문화와 전통을 포기하지 않은 이상 그들은 '문명화'될 수 없을 뿐 아니라 국가 발전을 저해한다고 여겼던 것이다.

스페인으로부터 독립하는 1821년 이후 과테말라 지배계층은 마야인들을 국가의 근대화를 위한 '수단'으로 전락시켰다. 그들은 국가의 변두리에서 강제부역이나 아주 낮은 임금으로 언제든지 사용 가능한 노동력을 제공해주는 존재였다. 적어도 식민지 시대에는 보장해주었던 마야인들의 공동 소유 토지 제도는 이후 국가가 직접 몰수하거나 정권과 결탁한 외국인 회사의 소유가 되었다. 그리하여 대부분 농사를 짓던 마야사람들은 당장 토지를 잃고 일용직 노동자로 전락하는 신세가 되었다.

20세기 중반 이후에는 과테말라 토지의 60% 이상이 2% 내외의 소수에게 집중되어 있었고 대다수 농민의 85% 정도가 경작할 수 있는 땅을 가지고 있지 않았다. 이 같은 현실은 마야 사람들을 더욱 궁핍하고 빈곤한 상황으로 내몰았으며 결국 1960년대부터 본격적으로 시작된 과테말라 내전을 통해 마야원주민 사회에 대한 억압과 핍박이 가장 노골적인 폭력으로 구체화되었다. 바로 70, 80년대에 걸쳐 일어난 대량학살과 제노사이드가 마야공동체를 대상으로 자행된 것이다.

2013년 마야원주민에 대한 제노사이드 혐의로 재판받는 과테말라 리오스 몬트 장군

법정에서 증언하는 마야 익씰(ixil) 부족 여인들

특히 과테말라 키체 주 북쪽 산간지역인 네바호(Nebaj), 산후안꼬

찰(San Juan Cotzal), 차훌(Chajul)을 일컫는 익셀 트라이앵글 지역에 거주하는 마야의 익셀(ixil) 부족은 80년대 내전 당시 리오스 몬트 장군의 지휘 아래 진행된 제노사이드의 최대 희생 부족이었다. 그러나 당시의 진상규명이나 처벌자 관련 문제는 여전히 제대로 이루어지지 않고 있으며, 게다가 현직 대통령인 오토페레스(Otto Pérez)가 당시 학살 사건에 개입되어 있는 정황 등으로 인해 과거의 진실을 밝히는 일은 아직 험난한 과제가 되고 있다.

과테말라를 비롯한 다른 라틴아메리카 국가의 원주민들은 가난과 사회적 불평등, 그리고 문화적 편견 등으로 고통받고 있는 사람들이다. 라틴아메리카 원주민들의 오랜 문화적 '가치'와 전통들이 알려지면서 외국의 관광객들이 그들을 보기 위해 세계에서 몰려들고 있다. 과테말라의 경우도 마야 문화는 이미 국가의 주요한 관광자원이 되어 상품화되었다. 그러나 정작 그들의 열악한 사회적 경제적 여건은 과거와 별반 다르지 않다. 우리들이 관심 갖는 마야 사람들의 문화와 전통 못지않게 현재 그들이 처해 있는 열악한 경제적 · 사회적 조건 등에 대한 진지한 관심도 필요한 대목이다.

공존의 시작

지금의 중앙아메리카 지역에서 약 3,500년간 흥망성쇠를 거듭하며 발전한 마야인들의 문명과 문화는 15세기 후반에는 스페인 정복으로, 1820년 독립 이후에는 근대국가의 틈바구니에서 약 500여 년 동안 끊임없는 박해와 탄압을 받으면서 현재에 이르고 있다. 과테말라의 근대사에서 마야 원주민에 대한 권리나 그들의 전통과 문화를 인정한 것은 불과 20여 년밖에 되지 않았다. 그럼에도 불구하고 여전히 님 위낙의 존재와 같은 지도자의 계승방식이나 마야-키체 최고부족회가 유지되고 있는 전통 등이 시사하는 점은 과연 무엇일까.

과테말라 사회에서 마야인들의 사회적 경제적 위치는 상당히 열악하다. 과테말라 사회의 심각한 양극화와 국민 대다수의 빈곤화 문제는 대부분 마야원주민들에게 해당되는 것이기도 하다. 이들은 한편으로는 스페인 침략자와 지배 엘리트 계층의 무차별적인 착취와 수탈의 대상이 되어왔으며, 다른 한편으로는 인종주의적인 편견에 의해 '인디오'라는 이름으로 사회적으로 경멸스럽고 '근대화'에 뒤진 열등한 민족으로 치부되어왔다.

과테말라 역사에서 마야인의 존재는 언제나 국가발전을 저해하는 '문제'로 인식되었으며 해결책은 언제나 이들에 대한 '문명화'에 있었다. 그런데 현대인은 과거 찬란했던 마야문명을 동경하며 끊임없는 호기심으로 '미지'의 세계를 갈구하고 있다. 수십만의 마야인들은 20

세기 냉전 시대의 틈바구니에서 제노사이드 성격의 집단 학살을 당하기도 하였다. 그들은 아직도 진실 규명을 촉구하고 있지만, 과테말라 정부는 여전히 이에 대해 큰 의지가 없어 보인다.

마야인들의 책인 포폴부는 현재 미국 시카고 뉴베리 도서관에 보관 중이며, 포폴부의 주인인 마야인들은 미국 정부에게 간곡한 요청을 한 후에야 겨우 2011년에 이르러 포폴부의 문서를 직접 확인할 수 있었다. 이후 과테말라로 돌아온 마야부족회는 시카고 도서관에 보관 중인 포폴부를 2012년 11월 과테말라 국가유산으로 등록하는 데 큰 공헌을 한 것으로 만족해야 했다. 언젠가 포폴부가 원래의 자리인 치치카스테낭고의 산토 토마스 성당으로 다시 가져올 수 있는 날이 있기를 기대하면서 말이다. 그러나 포폴부가 언제 다시 마야인의 품으로 돌아올 수 있을지는 여전히 기약 없는 바람일 뿐이다.

우리가 막연한 호기심과 동경, 그리고 과거의 '찬란한' 문명을 상상하며 떠올리는 현재 마야인들의 처지는 과거 상상속의 신비로움이나 경외감과는 사뭇 다른 모습이다. 3,500년이라는 마야 문명의 역사를 우리의 머릿속에 가두고 보고 싶은 역사의 단면만을 보고자 한다면 마야인들은 영원히 과거의 역사일 수밖에 없을 것이다. 그러나 마야인들은 그 존재의 방식과 형식이 과거와 다르긴 해도 여전히 우리와 동시대에 존재하고 있는 사람들이다.

역사와 문명에는 단절이 없듯이 그들은 '갑자기' 사라졌던 것이 아니라 계속해서 존재하는 사람들이었다. 마야인의 문명과 문화라는 과거 찬란한 그들의 시간과 함께 21세기에 존재하는 그들의 진행 중인 현실에 대해서도 함께 이해가 이루어져야 할 것이다.

코노수르(Cono Sur) 지역의 문화유산
: 마테차 이야기

라틴아메리카와 차(茶) 문화권

오늘날의 차(茶)는 일상적인 음료로 널리 알려져 있지만, 차가 대중화된 것은 인류 역사에서 그리 오래되지 않았다. 흔히 마시는 커피나 홍차는 16세기 대항해 시대 이후부터 점차적으로 전 세계에 확산되었다. 아메리카의 발견으로 회자되는 대항해 시대는 신대륙과 구대륙의 물질들이 교류되는 계기를 마련하였다. 우리 주변에서 흔히 볼 수 있는 작물인 고구마와 감자, 옥수수는 모두 대항해 시대 이후에 라틴아메리카에서 한국으로 유입된 것이다. 최근 약간의 논란이 있긴 하지만, 우리 음식을 대표하는 작물인 고추도 라틴아메리카에서 들어왔다는 것이 정설로 여겨지고 있다.

비단 곡식류 작물뿐만 아니라 차와 같은 기호식품들도 라틴아메리카가 원산지인 경우가 허다하다. 예를 들어 멕시코와 중미지역이 원산지인 카카오는 전 세계인들이 즐겨 마시는 음료의 재료이다. 또한 마테차는 최근 웰빙과 다이어트 열풍에 힘입어 유럽과 아시아로 확산되고 있다. 특히 코카콜라 등 다국적 기업이 마테차를 마시기 편한 음료로 생산하면서 대중적인 음료로 성장하고 있는 추세이다.

과거에는 차와 그 재료가 대중적 음료로서의 기능보다는 의례 혹은 치료를 위한 의료 행위를 위한 용도로 주로 이용되었다. 이러한 원주민의 전통은 지금까지 이어져 각 지역 고유의 음료와 차로서 남아 있다. 이런 맥락에서 차는 각 지역의 역사와 전통을 읽을 수 있는 문화적 키워드로서 중요한 의미를 지니고 있다. 이는 차가 각 문화권에 따라 마시는 방법과 예절이 각기 다르다는 것에서도 알 수 있다.

라틴아메리카는 스페인과 포르투갈의 식민 과정으로 인해 유사한 언어와 문화를 가진 것처럼 보이지만, 실제로는 각 지역마다 다채로운 모습을 지니고 있다. 문화적 다양성은 라틴아메리카의 뿌리인 원주민으로부터 영향을 받은 바가 적지 않으며, 이와 같은 원주민 문화는 지금까지 라틴아메리카 각 지역의 기층문화(基層文化)를 이루고 있다.

라틴아메리카의 각 지역을 대표하는 음식과 음악, 의복, 의례 등의 일상문화에서는 원주민과 관련된 문화적 요소들이 쉽게 발견된다. 일반적으로 라틴아메리카는 원주민의 문화유산을 통해 크게 세 개의 지역으로 분류할 수 있다. 첫 번째는 아스텍(Aztec)과 마야(Maya) 문명에 기반을 둔 메소아메리카 지역이며, 두 번째는 잉카 문명을 바탕으로 하는 안데스 지역, 세 번째는 과라니(Guarani) 문화권을 이루고 있는 코노수르(Cono Sur) 지역*이다.

각각의 지역은 자연환경 및 생태, 그에 따른 신화와 전설, 음식, 언어 등의 문화적 특징을 공유하고 있다. 예를 들어 메소아메리카는 옥수수의 문화권이며, 안데스는 감자 문화권, 남미남부는 만디오까 문화권이라 할 수 있다. 이는 차의 재료에서도 마찬가지인데, 그 종류에 따라 크게 세 가지 문화권으로 나누어 볼 수 있다. 메소아메리카

---

* 코노수르(Cono Sur)는 스페인어로 원뿔(Cono)와 남쪽(Sur)의 합성어이다. 영어로는 서던 콘(Southern Cone)으로 불린다. 즉 코노는 남미가 원뿔모양이기 때문에 붙여진 것이고, 수르는 남쪽이라는 뜻으로 이 두 단어를 합쳐보면 남미의 남쪽이라는 의미가 된다. 한국어로는 남미남부지역으로 번역되기도 한다. 코노수르에 포함되는 국가들은 아르헨티나와 칠레, 우루과이, 파라과이, 브라질 서남부지역이 포함된다. 이 지역은 과라니 원주민 문화권과 겹치기도 한다.

지역에서는 카카오(cacao)가, 안데스 지역에서는 코카(coca)가, 코노수르 지역에서는 마테(mate)가 각 지역을 대표하고 있다. 즉 라틴아메리카는 원주민의 문화유산인 차를 통해 크게 세 개의 문화권으로 분류할 수 있는데, 바로 카카오 문화권과 코카 문화권, 마테 문화권으로 나눌 수 있다.

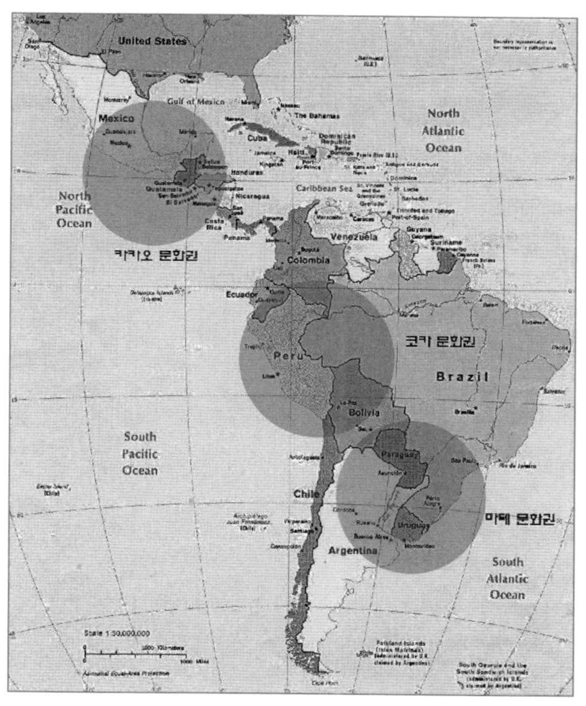

라틴아메리카의 차(茶)문화권

카카오 문화권은 지금의 멕시코와 과테말라를 비롯한 중미국가들이 포함되며, 코카 문화권은 안데스 산맥을 끼고 있는 페루와 볼리비아, 에콰도르, 콜롬비아, 칠레와 아르헨티나 북부 지역이 포함된다.

마테 문화권은 남미의 남쪽 지역, 즉 코노수르에 포함되는 지역인 파라과이와 아르헨티나, 우루과이, 브라질 서남부지역을 포괄한다.

메소아메리카에서 카카오는 고대부터 중요한 열매였다. 카카오차는 의례에서 사용되었으며, 특히 이 지역에서 화폐로 사용될 만큼 귀한 존재였다. 이 시기의 카카오차는 요즘 우리들이 마시는 카카오차와 큰 차이가 있는데, 뜨거운 물에 옥수수 가루와 카카오를 섞어서 걸쭉한 느낌이 난다. 카카오차는 메소아메리카 각 지역에 따라 만드는 방식과 첨가 재료가 다르며 부르는 이름도 다양하다. 원래는 설탕을 사용하지 않았으나 최근에는 기호에 따라 우유와 설탕, 바닐라, 계피 등을 첨가해서 마신다.

코카는 원주민들의 종교적 의례와 치료 목적으로 쓰였는데 안데스 지역의 고산병과 거친 자연환경에서 몸의 기운을 북돋우는 용도로 사용되었다. 원주민들은 잎을 그냥 질겅질겅 씹어 먹기도 하고 코카 잎을 갈아서 커피의 에스프레소처럼 압착해서 진하게 마시기도 하였다. 차로 마실 때는 코카 잎을 찻잔에 몇 장 넣어 뜨거운 물에 우려서 마시며, 기호에 따라 설탕이나 꿀을 첨가해서 마시기도 한다.

과라니 원주민과 마테차

라틴아메리카의 원주민은 지형적인 조건에 따라 크게 고지대 원주민과 저지대 원주민으로 구분할 수 있다. 아스텍과 마야로 대변되는 메소아메리카 문명과 잉카로 대표되는 안데스 문명은 멕시코에서 칠레까지 이어지는 고지대에서 형성되었다. 이와 반대로 브라질의 아마존유역에서 아르헨티나의 팜파스에 이르는 저지대는 국가나 문명단계로 진입한 원주민 집단이 출현하지 못하였다. 이로 인해 남미의 '저지대 원주민'들은 '고지대 원주민'에 비해 널리 알려져 있지 않다.

그나마 '저지대 원주민' 가운데 과라니는 1986년에 제작된 영화 〈미션(The mission)〉을 통해 대중에게 널리 알려졌다. 이 영화를 통해 예수회 공동체와 이과수 폭포는 과라니를 연상케 하는 상징이 되었다. 이러한 과라니의 모습은 단편적인 것으로, 과라니가 남미의 '저지대 원주민'들 중에서 가장 널리 분포되어 있으며, 코노수르 지역 기층문화의 보고(寶庫)라는 사실을 아는 이는 드물다.

현재 과라니 원주민은 파라과이를 중심으로 브라질 서남부 지역인 리오 그란데 도 술(Rio Grande do Sul)과 마또 그로소 도 술(Matto Grosso do Sul), 아르헨티나의 동부의 꼬리엔떼스(Corrientes)와 미션(Mison) 지역, 아르헨티나의 북동부의 볼리비아 남부의 차코(Chaco) 지역에 걸쳐서 분포하고 있다. 다수의 과라니 원주민은 파라과이 강을 경계로 파라과이 동쪽지역과 브라질에 거주하고 있다.

과라니의 분포지역에 비해 그들의 문화유산은 더 넓은 지역을 포괄하고 있다. 과라니가 남긴 문화유산 가운데, 현재에도 코노수르 지역에 영향을 미치는 문화 요소들은 과라니어를 비롯하여 마테차와 만디오카(madioca), 과라니아(guarania), 샤마메(chamame) 등* 다양하다. 이 중에서 마테차는 과라니가 남긴 문화유산 가운데 가장 광범위하게 대중적으로 소비되고 있는 문화이다.

마테차는 파라과이를 비롯한 아르헨티나, 우루과이, 브라질 서남부, 칠레와 볼리비아 일부 지역의 사람들까지 즐겨 마신다. 마테차는 원주민 문화에서 기원했지만, 현재는 코노수르 지역 사람들의 일상생활에 없어서는 안 될 기호식품으로서 인종과 계층, 성별에 상관없이 남녀노소 누구나 즐기는 음료이다.

마테차는 마테 잎과 함께 다양한 약초를 첨가해서 마신다. 마테차에 사용되는 약초들은 무수히 많으며 민간요법으로도 사용된다. 예를 들어 약초는 마테차를 마시는 사람들의 몸 상태에 따라 선택되는데, 두통이나 복통, 소화불량, 변비, 담석 등의 치료제로 쓰인다. 또한 약초들은 몸을 건강하게 하는 기능도 있는데, 예를 들어 몸을 상쾌하게 하거나 피를 맑게 하고, 이뇨 작용을 활발히 하며, 비타민과 다양한 영양소를 제공하는 역할도 한다.

즉 마테는 단순한 차 혹은 음료가 아닌 코노수르 지역 사람들의 건강을 지키는 자연의 선물이라 할 수 있다. 이런 연유로 마테차는

---

* 과라니어는 메소아메리카의 아스텍 문명의 언어였던 나우아뜰어와 안데스 지역의 잉카 문명 언어였던 케추아어, 아이마라어와 함께 주요 언어였다. 현재 과라니 원주민의 수는 약 10만 명이다. 그러나 과라니어의 화자 수가 500만 명에 달하는 것은 파라과이 인구의 90%가 과라니어를 사용하기 때문이다. 만디오카는 고구마와 비슷하다. 카리브 해에서는 유카라고 하며, 다른 대륙에서는 카사바 혹은 마니옥으로 불린다. 과라니아와 샤마메는 과라니 문화에 영향을 받은 음악장르이다.

과라니가 살았던 지역과 거대한 초원인 팜파스를 배경으로 한 가우초(gaucho)*의 문화를 바탕에 두고 있는 코노수르 지역 사람과 문화를 이해할 수 있는 키워드인 셈이다.

* 가우초는 코노수르 지역에서 소를 돌보는 목동을 일컫는 말로서 아르헨티나와 우루과이, 브라질 남부, 파라과이에 이르기까지 널리 분포하였다. 인종적으로 혼혈이며, 현재는 목축이 산업화되면서 거의 사라진 상태이다. 이들 가우초는 마테를 즐겨 마시며 그들만의 정체성을 음악과 문학으로 남기기도 하였다.

마테차의 역사와 기원

마테는 메소아메리카 문명의 카카오와 안데스 문명의 코카처럼 과라니 원주민에게 있어 중요한 식물이다. 과라니 원주민은 마테를 의례와 치료적인 용도, 에너지원으로 음용하였다. 과라니 원주민은 가족과 친족을 매장한 곳에 마테를 심으면 죽은 사람의 영혼에 마테가 자라면서 깃든다고 여겼고, 마테 줄기는 죽은 사람의 육신이라 믿었다. 즉 마테차를 마시는 것은 죽은 이와 만나는 행위였다.

> 원주민은 현재 우리가 알고 있는 마테차 마시는 방법과 많이 다르다. 호리병 절반을 잘라서 마테 가루를 반 정도 넣었다. 물은 그렇게 뜨겁지 않은 물을 이용하였다. 마테 가루가 입에 들어가지 않게 입술만 대고 이빨이 필터 역할을 하여 액체만 들이켰다 (Benítez 1997:40).

과라니 원주민들은 마테를 찧어 물과 함께 그 즙을 마셨는데 호리병에 바로 입술을 대고 마셔야 했기 때문에 지금과 같이 뜨거운 물을 사용하지 않은 것으로 보인다. 마테는 의례적 용도 이외에도 치료적인 용도로는 위를 불순물이나 독성을 정화하는 데 사용하였으며, 일상생활의 에너지원으로 마시기도 하였다.

마테가 과라니 원주민에 있어 중요한 식물이라는 것은 그들의 신화에서 잘 드러난다. 과라니 원주민의 선지자인 빠이 수메(Pa'i Sumé)는 중국의 삼황(三皇)처럼 과라니 원주민에게 각종 기술과 제도, 규칙 등을 전수해준 신화 속의 인물이다.

> 아주 오랜 옛날에, 아메리카에 정복자들이 들어오기 전에, 빠이 수메(Pa'i Sumé)라 불리는 예언자(선지자)가 이 땅에 있었다. 그는 키가 컸으며 하얗고 긴 턱수염을 가진 아주 지혜로운 사람이었다. 오랜 전통에 따르면, 과라니가 섬기던 창조자인 냔데 루(Ñande Ru)는 그를 원주민에게 보내 옥수수와 만디오까, 그리고 다른 먹을거리를 심을 수 있는 농사 기술과 살림살이 기구 만드는 법, 마테 사용법을 가르쳤다. 이와 함께 종교적 규율과 사회생활을 위한 덕목도 심어주었다. 빠이 수메가 원주민에게 미션을 끝낸 후에, 그는 산토 토마스로 불렸으며 언젠가는 바다에서 돌아온다고 하였다. 그가 돌아오기 전에 아메리카에서 돌이 많은 곳에 그의 발자국을 증거로 남길 것이라고 하였다. 파라과이에는 산토 토마스(Santo Tomas)의 발자국이 다양한 산과 동굴에 그 흔적이 있다고 믿고 있다(Gonzalez 2010: 88).

빠이 수메 신화는 아스텍의 켓살코아틀 신화와 매우 흡사하다. 켓살코아틀도 아스텍의 중요한 작물인 옥수수 심는 법과 각종 기술을 가르친 신이며 다시 돌아온다고 믿었다. 빠이 수메도 돌아온다고 믿었는데, 그 흔적은 아순시온의 따꿈부(Tacumbú)와 파라과리(Paraguarí)의 산토 토마스, 까아꾸뻬(Caacupé)의 그리스도 레이(Cristo Rey), 자과론(Yaguarón) 등에 있다고 알려져 있다. 빠이 수메가 산토 토마스로 불린 것은 식민시기 가톨릭의 영향을 받은 것으로 보인다.

마테를 처음으로 접한 스페인 정복자들은 리오 데 라 쁠라따의 정복대를 이끈 루이 디아스 데 구스만(Rui Díaz Guzmán)과 에르난도 아리아스(Hernando Arias)였다. 정복자들은 과라니 원주민의 의례와 풍속에 대한 몰이해로 마테를 '악마의 풀'이라고 여겼다. 스페인 왕실에서도 마테차는 힘든 일을 하는 원주민들이 마시는 차로 인식하여 천시하였다. 이로 인해 마테차 음용은 잘못된 관습이며 건강에 좋지 않다고 여겼다. 그러나 17세기 리오 데 라 플라타(Río de la Plata) 지방의 통치자였던 에르난다리아스(Hernandarias)는 스페인 왕실과 달리 마테를 이 지역의 주요 생산품으로 수출을 장려하였다. 이를 계기로 주로 생산되던 설탕과 포도주, 담배는 마테로 인해 주요 생산 품목에서 밀려났다. 당시의 마테 생산은 야생 마테를 채취하는 수준이었다. 이때부터 지금과 같은 형태의 마테 도구들이 나타나기 시작했다.

이 시기에 예수회 선교사들은 레둑시온(reducción)*에서 마테를 처음으로 재배하였다. 레둑시온은 과라니 원주민 선교를 위해 건설한 자족적인 공동체였다. 마테 재배는 그들의 주요 수입원 중의 하나였다. 그러나 예수회의 자산 가치에 눈독을 들인 교황청과 식민 정부가 협력하여 18세기 후반 예수회를 라틴아메리카에서 축출하였다. 그 이후에 마테 재배가 중단되는데, 예수회가 떠나면서 마테씨 발아 기술이 사라졌기 때문이다.

마테씨 발아 기술은 1895년 프랑스계 아르헨티나의 건축가이자

* 레둑시온(reducción)은 과라니 원주민을 선교하기 위해 만든 공동체로서 행정기관 및 교회, 학교, 작업장, 식당, 공동묘지, 광장, 경작지 등 모든 시설이 갖추어진 자족 마을의 형태이다. 여기에서는 마테와 만디오카, 옥수수, 사탕수수, 고구마 재배를 비롯하여 목축도 하였다. 코노수르 지역에는 총 30개의 레둑시온이 존재했으며, 그곳에 거주한 과라니 원주민의 수는 약 15만 명으로 추산된다.

마테 나무의 모습(위)과 마테 농장의 전경(아래)

조경가인 카를로스 타이스(Carlos Thays)가 연구하여 발견하였다. 그 이전에 아르헨티나는 국내의 소비를 따라가지 못해 마테 자생지가 풍부했던 파라과이와 브라질로부터 마테를 수입하였다. 마테 재배 기술을 확보한 아르헨티나는 미션지역에서 마테를 처음 재배한 이후로 세계에서 마테를 가장 많이 생산하는 국가가 되었다.

19세기 말까지 파라과이는 마테 최대 생산국이었으나 삼국동맹전쟁*으로 폐허가 되면서 그 자지를 브라질에게 넘겨주었다. 현재는 이들 세 개의 국가가 전 세계 마테 생산의 대부분을 담당하고 있는데 아르헨티나가 약 60%, 브라질이 약 35%, 파라과이가 약 5%를 생산하고 있다.

* 삼국동맹전쟁은(Guerra de la Triple Alianza)은 1890년에서 1895년까지 5년간 벌어졌으며 파라과이를 상대로 브라질과 아르헨티나, 우루과이 삼국이 연합하여 치른 전쟁을 말한다. 이 전쟁으로 파라과이는 국토가 완전히 폐허가 됐으며 인구의 4/5가 사라졌다. 특히 성인 남성은 거의 찾아보기 힘들 정도였는데, 당시 남녀의 성비가 8:1이나 되었다

마테 생산 과정

마테차의 재료인 마테 나무의 명칭은 제르바 마테(yerba mate)이며, 학명은 일렉스 파라과엔시스(Ilex paraguayensis)이다. 과라니어로는 까아(Ka'a)라 부른다. 까아는 풀 또는 나무라는 뜻을 지니고 있다. 마테 나무는 오래 사는데 100년에서 150년 정도 살며 4미터에서 8미터 높이의 크기로 자란다. 야생 마테는 파라과이 동부지역의 아맘바이(Amabai) 산맥과 바라까주(Mbarakayú) 주 사이 지역에서 자생한다. 마테 재배는 파라나(parana)강의 미션(mision) 지역과 우루과이의 따뻬(Tape) 지역, 브라질의 리오 그란데 도 술에서 이루어진다.

마테는 4년에서 5년 이상 된 나무의 잎과 가지를 4년마다 수확한다. 자주 채집할 경우에는 2년마다 수확하기도 한다. 수확은 채집할 지역의 노동자들이 거주하는 오두막에서 하는데, 마당에서는 수확한 마테를 쳐서 손질하여 무게를 달아 넓은 널빤지 위에 둔다.

수확 시기는 늦여름에서 가을 사이인 2~5월로 이때는 열매들이 거의 익은 상태이다. 마테 나무를 자르는 작업은 도급제 일꾼들이 하는데, 오전 중에도 이슬이 마른 후에 시작한다. 일꾼들은 상반신이 누드인 채로 가죽이나 천으로 된 허리띠를 착용하고 일을 한다. 나무를 자를 때 주로 날카로운 정글도(machete)를 사용하는데, 납작한 톱으로 자르는 것을 더욱 선호한다. 허리에는 단검을 차고 일을 한다. 가끔씩 도급제 일꾼(minero o tarifero)들 중에서는 조수로 일하는 사람들이 있는데, 이들은 주로 젊은이들로 구아이노(guaino)라 불렸으며, 쉬운 일을 맡았다.

마테 잎을 수확한 다음 가공하는 과정은 크게 4단계로 나뉜다. 첫 번째 단계는 사뻬까도(sapecado)이며, 두 번째 단계는 세까도(secado)이며, 세 번째는 깐차도(canchado), 네 번째는 몰리도(molido)라 불리는 제분 작업이다. 사뻬까도는 마테 잎과 줄기를 살짝 말리는 작업이다. 이 작업은 반드시 마테 잎을 수확한 후 24시간 안에 끝내야 하는데, 그 이유는 마테 잎이 발효되지 않게 하며 영양소 파괴도 줄일 수 있기 때문이다. 세까도는 사뻬까도 후 24시간 내에 실시해야 하며 마테 잎과 줄기를 바짝 건조하는 일이다. 이때 수분은 5~6% 정도만 남게 바싹 말려야 한다.

이러한 공정은 전통 방식과 기계화 방식으로 나뉜다. 보통 야생 마테 생산지 혹은 시골의 소규모 마을에서는 전통적인 방식으로 공정이 이뤄지며, 대량 생산하는 농장에서는 공정이 기계로 진행된다.

전통 방식

사뻬까도(sapecado)는 과라니어가 스페인어화된 것으로 사뻬까르(sapecar)에서 파생되었다. 사뻬까르에서 사(sa 혹은 za)는 과라니어로 '눈(ojo)'이라는 뜻이며, 뻬까르는 과라니어로 뻬까(peca 혹은 mbeca)에서 파생된 것으로 '열다(abrir)'라는 의미를 가지고 있다. 즉 사뻬까르는 '눈을 뜨다'라는 뜻인데, 이 말은 사뻬까도 작업이 순식간에 이루어지기 때문에 집중해서 관찰해야 한다는 의미를 내포하고 있다.

이는 연기가 나지 않게 마른 장작으로 불을 피워 마테 잎과 줄기의 수분을 없애는 과정으로 살짝 건조시키는 작업이다. 이 작업은 마

사삐까도하는 모습

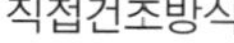

직접건조방식

간접건조방식

테 잎의 겉면에 균열이 일어나면서 바스락 소리가 날 때까지 지속한다. 사삐가도가 끝나면 마테 잎의 약 20%의 수분이 날아간다. 사삐까도는 마테 잎이 발효되지 않도록 효소를 없애고 탄닌의 산화작용을 막는 역할을 한다.

사삐까도 후에는 24시간 내에 마테 잎을 말리는 작업인 세까도를 해야 한다. 세까도는 건조작업을 말하는 것으로 바르바꾸아(barbacuá)*에서 한다. 이 작업은 일차적으로 수분을 없앤 마테 잎과

---

* 바르바꾸아(barbacuá)는 직접가열방식이 아닌 진흙이나 돌무지 안에 장작으로 불을 지펴서 그 열기로 요리하거나 굽는 형태를 말한다. 요즘 바비큐의 어원이자 기원이기도 하다.

줄기를 다시 건조하는 것을 말하는데, 이때는 불이 닿는 직접건조방식과 간접건조방식이 있다. 직접건조방식은 장작의 연기가 바로 마테 잎과 줄기에 묻어 유해하다고 판명되어 파라과이의 일부 시골 지역을 제외하고는 거의 찾아보기 힘들다. 대부분의 마테 생산 현장에서는 간접건조방식을 사용하여 마테 잎과 가지를 말리는 작업을 한다.

간접건조방식은 바르바꾸아를 만들고 불의 열기가 들어오는 통로를 밖으로 연결시킨다. 인부들은 오두막 밖의 화로에서 불을 피운다. 이 열기는 통로로 바르바꾸아에 전달되어 마테 잎과 가지를 말리게 된다.

세 번째 공정인 깐차도는 건조된 마테 잎과 줄기를 갈기 전에 적당히 작은 크기로 만드는 작업을 말한다. 깐차도를 끝낸 마테 잎과 줄기는 네 번째 공정인 몰리도로 들어간다. 몰리도는 일일이 사람의 손으로 마테 잎과 줄기를 몽둥이의 끝으로 찧어서 잘게 가루로 만든다. 전통적인 방식에서는 제분소가 따로 없기 때문에 몰리도는 수작업으로 진행된다. 이렇게 생산된 마테 가루는 주로 각 가정과 지역 공동체에서 소비되며, 일부는 도시로 유통되기도 한다.

기계화 방식

최근에는 대규모 농장에서 마테가 생산되어 주로 기계를 이용하여 가공을 한다. 농장에서 수확된 마테 잎과 줄기는 트럭으로 가공 공장까지 운반을 한다. 공장에서는 사뻬까도와 세까도 공정을 진행한다. 공장에는 사뻬까도 공정과 세까도 공정이 분리된 기계도 있으며, 두 공정이 컨베이어 벨트로 결합된 기계도 있다. 사뻬까도용 기

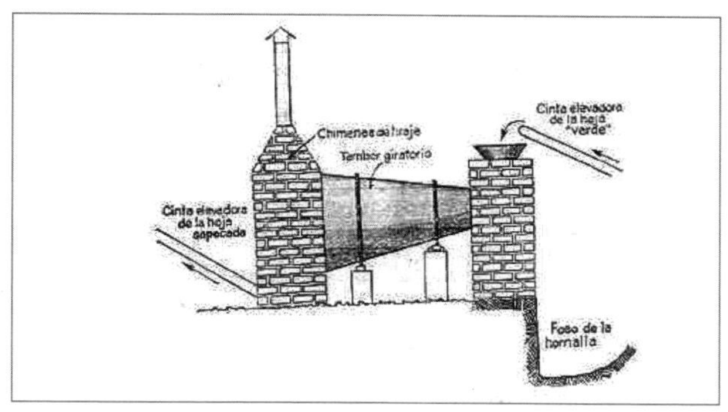

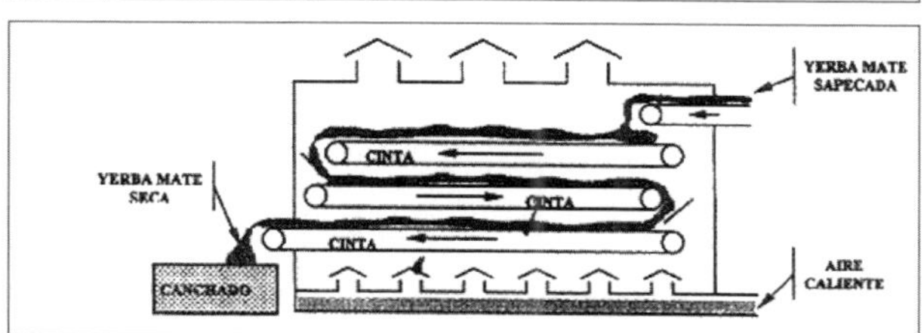

사뻬까도용 기계(위)와 세까도용 기계(아래)

제분이 완료된 마테

계에는 마테 잎과 줄기를 넣고 아주 센 불에 살짝 건조시킨다. 사뻬까도 후에 마테 잎과 줄기는 세까도용 기계의 벨트에서 뜨거운 열을 받아 건조된다.

사뻬까도와 세까도 공정이 끝나면, 마테 잎과 가지를 포대에 담을 수 있을 정도로 적당히 부수는 깐차도 공정을 거친다. 깐차도 공정 후 포대에 담긴 마테는 창고에 저장한다. 창고에 저장하는 기간은 최대 12개월이다. 창고의 마테는 네 번째 공정인 몰리도 작업을 할 때마다 운송된다. 몰리도는 제분 공장에서 잘게 가는 작업으로 마테 잎을 직접 다루는 공정의 최종 단계이다.

마테 가루는 국가마다 마테 잎과 줄기의 비율을 다르게 한다. 브라질산의 경우에는 마테에 잎만 사용하고 줄기는 사용하지 않는다. 이에 비해 아르헨티나와 파라과이, 우루과이산은 마테 잎과 줄기를 같이 섞는데, 그 비율은 줄기가 마테 가루의 약 30%를 차지한다. 독특하게도 우루과이 북부지역은 지리적으로 브라질의 영향을 받아 마테 잎만 사용한다. 제분이 완료된 마테는 마지막 공정인 포장 과정을 거치면 시중에 유통된다. 완제품은 회사마다 차이가 있지만 보통 500g 크기로 하며 얇은 종이나 비닐에 넣어 포장한다. 일부 회사는 비닐로 포장한 후 종이박스에 넣어 이중으로 포장하는 경우도 있다.

마테는 각 국가와 회사마다 다양한 브랜드로 출시되고 있다. 마테의 맛은 국가마다 차이가 난다. 아르헨티나의 마테는 파라과이 마테보다 부드럽고 순한 맛을 지니고 있다. 이에 비해 파라과이 마테는 쓴맛이 강하여 거친 느낌이 난다.

최근에는 마테 가루만 들어 있는 제품 이외에도 기능성 마테 제품들이 출시되고 있다. 예를 들어 마테에 라임과 민트류 약초, 다이어트에 도움 되는 약초를 넣어서 만든 마테들이 선보이고 있다. 최근에는 인삼을 넣은 마테도 출시되었다.

다양한 브랜드의 마테 제품(위)과 마트에 진열된 마테(아래)

마테차 도구와 마시는 법

마테차는 특별한 도구를 이용해서 마신다. 일반적으로 녹차와 홍차는 찻잎을 우려낸 다음 찻잔에 부어 마시지만, 마테 잔은 마테 가루를 우려내는 것과 마시는 행위를 동시에 할 수 있도록 되어 있다. 마테차를 마실 때는 잔을 입에 대고 마시지 않는다. 그러면 마테 가루와 찻물이 같이 섞여 나오기 때문에, 찻물만 빨아들일 수 있도록 빨대와 유사한 도구를 사용해야 한다. 마테 잔은 괌빠(guampa)*라고 부르며, 빨대의 기능을 하는 것은 봄비야(bombilla)라고 부른다. 이러한 도구를 사용하여 마시는 방식은 식민시기 무렵부터 시작되었다.

괌빠와 봄비야

---

* 원래 소뿔로 만든 마테 찻잔을 괌빠라고 불렀으나, 요즘은 다른 재료로 만든 마테 찻잔도 괌빠라 부른다.

괌빠는 전통적으로 조롱박 혹은 나무, 소뿔*, 은 등으로 만든다. 최근에는 나무와 소뿔에 스테인레스 재질의 금속을 두르기도 하며, 플라스틱으로도 만들기도 한다. 괌빠를 만드는 데 사용되는 나무는 물이 새어나오지 않고 밀도가 높은 종류인 팔로 산토(palo santo)와 케브라초(quebracho)이다. 괌빠는 나무나 소뿔, 은 등 하나의 재료로도 만들지만, 괌빠의 입구나 아랫부분에 은과 스테인리스 재질의 금속을 둘러서 멋을 내기도 한다. 마테용 괌빠는 조롱박과 나무로 만든 것이 주를 이루며, 두께가 두꺼워 뜨거운 물을 붓더라도 손으로 잡는 데 큰 문제가 없다. 괌빠는 보통 성인 남성 주먹 크기와 비슷하며 아랫부분이 볼록하고 둥근 형태이다. 브라질에서는 아르헨티나와 파라과이와 달리 괌빠의 입구 주둥이가 과도하게 넓은 형태를 띠며, 주로 조롱박으로 만든다.

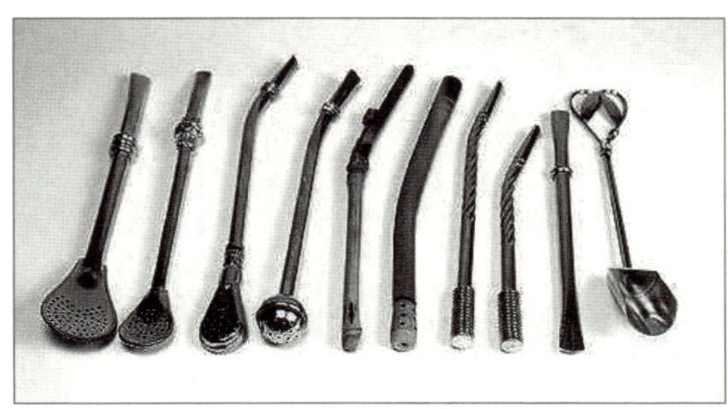

다양한 재질과 형태의 봄비야

봄비야는 속이 빈 얇은 나뭇가지로 만들거나 알파카(alpaca), 은으로 제조한다. 식민 시기에는 봄비야를 나뭇가지로 만들었으나, 최근

* 소뿔로 만든 괌빠는 마테차보다는 떼레레(terere)라고 불리는 또 다른 종류의 마테차를 마시는 데 주로 쓰인다. 그 이유는 소뿔 재질의 괌빠에 뜨거운 물을 부으면 열전달이 잘되어 맨손으로 잡기가 힘들기 때문이다.

에는 알파카로 대체된 상태이다. 그 이유는 나뭇가지는 빨기가 힘들며 내구성에서도 금속 재질인 알파카에 약하기 때문이다. 알파카는 아연과 동, 니켈 합금으로 만들며 색깔과 재질이 은과 유사하다. 알파카가 봄비야의 재료로서 각광받는 이유는 은에 비해 가격이 싸고 내구성이 좋으며 부식이 되지 않고, 또한 나무나 은에 비해 관리하기가 편하며 빨아 먹기도 수월하기 때문이다. 특히 나무로 만든 봄비야는 금속에 비해 빨아 먹기가 힘들어 엄청난 흡입력을 필요로 하여 마시다가 진(津)이 다 빠지기도 한다.

봄비야는 빨대와 유사한 모양이며 괌빠에서 물만 빨아들일 수 있도록 아랫부분의 넓은 부분에 촘촘한 구멍이 있는 것이 특징이다. 사진에서 보듯이 알파카는 어떤 형태를 만들기에 용이한 재질로서 봄비야의 기능을 최적화할 수 있도록 아래 부분의 면적을 넓게 하여 구멍을 촘촘히 낼 수 있는 반면에, 나무로 만든 봄비야는 금속 재질처럼 아래 부분에 촘촘하게 구멍을 뚫는 것이 어려워 마테 찻물을 흡입하기에 그다지 용이하지 않다.

은으로 만든 괌빠나 봄비야는 과거부터 지금까지 꾸준히 사용되고 있지만 다른 재료에 비해 가격도 비싸고 관리가 용이하지 않아 장식용이나 선물용으로 사용되거나 일부 가정에서만 사용하는 추세이다.

마테차 괌빠에 뜨거운 물을 붓는 모습

마테차는 마시기 위해서는 먼저 마테 가루와 끓인 물을 준비해야 한다. 그다음 마테가루를 괌빠(guampa)라는 잔에다 3분의

2정도 채운 다음 봄비야(bombillla)라는 빨대를 괌빠 깊숙이 꽂는다. 그리고는 괌빠에 뜨거운 물을 부어 봄비야를 입에 대고 빨아 미신다. 다 빨아 마신 다음에는 다시 괌빠에 물을 붓고 반복해서 마신다. 가정에서는 물을 끓인 주전자 통째로 괌빠에 물을 부어 마신다. 주전자의 물이 식으면 다시 물을 끓인다. 외출 시에는 보온병에 뜨거운 물을 담아서 들고 다니면서 마신다.

마테차는 마테가루만 넣어 마시기도 하지만, 기호에 따라 마테가루 위에다 설탕이나 약초를 넣기도 한다. 마테의 쓴맛을 선호하지 않는 사람들은 설탕을 넣어서 마신다. 설탕이 대중화되기 전에는 스테비아(stevia)라는 약초를 넣었다. 스테비아는 과라니어로 까아에(ka'a he'ẽ)라 부른다. '까아'는 과라니어로 풀이라는 뜻이며, '에'는 달콤하다는 의미를 지니고 있다. 즉 스테비아는 달콤한 풀로서 단맛이 설탕의 300배에 달한다. 특히 스테비아는 천연감미료로서 설탕을 섭취하지 못하는 사람들에게 유용한 약초이다. 스테비아 이외에도 개인의 취향에 따라 마테차에 만사니야(mazanilla), 볼도(boldo), 띨로(tilo), 꼴라 데 까바요(cola de caballo)와 같은 약초를 첨가해서 마신다.

마테차와 설탕

마테차를 돌려 마시는 모습

그리고 감기나 기침이 심할 때는 라임이나 라임 잎을 넣어서 마신다. 때로는 상쾌한 느낌의 페퍼민트도 첨가해서 마신다.

마테를 마시는 시간은 식사 시간처럼 확실히 정해져 있지는 않다. 대체적으로 마테는 아침 식사 전후로 마시거나 점심식사 후 늦은 오후에 주로 마신다. 과라니의 추장인 까시께(cacique)는 직접 마테를 준비하지 않았다. 그 전통이 식민시기를 거쳐 여전히 남아 20세기 중, 후반까지도 마테를 마실 때는 여성이나 손아래 사람이 준비하였다. 심지어 여성은 남성과 함께 마테를 마시지 못하였다. 예를 들어 아버지가 마테를 마실 때는 딸이 준비해서 제공하였고, 아버지는 받아 마시기만 하였다. 최근에는 이러한 분위기가 바뀌어 남녀와 연령에 상관없이 동등하게 마신다. 다만 전통을 중시하는 가정이나 시골에서는 여전히 손아래 사람이나 여성들이 마테를 준비하는 경우가 종종 있다.

마테차를 음용하는 방식에서 특징적인 것은 가족이나 친구들이 하나의 괌빠와 봄비야를 돌려가면서 도란도란 이야기를 나누면서 마신다는 점이다. 때로는 전혀 모르는 사람과도 함께 마시기도 한다. 예를 들어 가정에서 마테차를 마시는데 손님이나 외부인이 방문하면 자연스럽게 마테차를 권하면서 같이 마신다. 이런 경우에는 대부분이 거절하지 않고 함께 마테차를 마시면서 마치 오랜 친구처럼 이야기를 나눈다. 만약 마테차를 권하는데 싫어하는 표정을 짓거나 더럽다는 느낌을 비추면 예의에 어긋난다. 만약에 마실 수 없는 상황이면 "그라시아스(gracias, 감사합니다)"라고 말하고 왜 마시기 싫은지에 대한 이유를 간략하게 말하는 것이 예의에 어긋나지 않는다. 예를 들어 다른 장소에서 마테차를 마시고 바로 온 경우라든지, 방금 식사를 해서 배가 부를 때는 간단하게 이유를 말하는 것이 바람직하다. 이렇듯 마테차는 차 본연의 효능과 함께 사람 간의 유대 관계를 강화하는 사회적 기능도 내포하고 있다.

마테차를 혼자 마실 때는 별다른 규칙이 없지만, 함께 돌려 마실 때는 나름의 규칙이 존재한다. 보통 돌려 마실 때는 최소 2명에서 많게는 7~8명까지 함께 모여앉아 마신다. 마테차를 함께 마실 때는 괌빠를 돌리는 사람과 마시는 사람으로 나뉜다. 괌빠를 돌리는 사람이 모든 마테 차 도구를 들고 물을 부은 후에 바로 옆 사람부터 순서대로 잔을 돌린다. 다 마신 사람이 괌빠를 돌리는 사람에게 주면 그 사람이 뜨거운 물을 부어 그 다음 사람에게 준다. 돌리는 사람은 본인 차례가 되면 스스로 부어서 마신다. 돌리는 순서는 시계 방향이든 반대 방향이든 상관없지만, 돌리는 과정에서 그 방향을 바꾸지 않는다. 또한 마시는 순서가 바뀌지 않게 잘 기억해서 다음 사람에게 정확하게 전달한다. 보통 순서가 건너거나 바뀌면 자기 차례가 아니라고 말하거나 내 차례라고 의사 표시를 하지만, 서로 순서를 잊어버리고 넘어가는 경우도 있다. 그리고 너무 오래 한 사람이 마테차를 들고 있는 것은 예의에 어긋나며 마테차를 남기지 않고 소리가 날 때까지 깔끔하게 마셔야 한다. 봄비야에 입을 대고 마실 때에는 입속 깊숙이 넣고 침을 묻히면서 빨지 않고 입술 끝에 살짝 물고 깔끔하게 흡입해야 한다.

마테차는 괌빠를 돌리는 사람이 첫 번째 잔을 마신다. 첫 잔은 가루가 많이 묻어나고 맛이 독하기 때문이다. 마테를 그만 마시고 싶을 때는 "그라시아스"라고 이야기하면 괌빠를 돌리는 사람이 그 사람에게 더 이상 주지 않는다.

보통 이렇게 모여 앉아서 마시면 시간 가는 줄을 모르고 마시는데, 짧게는 보통 30분~1시간, 길게는 2~3시간 이상도 마신다. 보통 사람이 많을수록 마시는 시간이 오래 걸린다. 마테차의 맛이 약해지면 기존의 가루는 버리고 새로운 마테 가루를 넣어서 마신다.

브라질 마테차: 시마하웅(chimarrão)

브라질은 마테차를 시마하웅이라 부른다. 시마하웅은 스페인어 시마론(cimarón)에서 유래했다. 그 뜻은 흑인 노예를 의미하는데 미개하다는 뜻도 내포되어 있다. 아마도 브라질 농장의 노예들이 고된 일을 견디기 위해 각성 효과와 몸을 가뿐하게 하는 성분이 들어 있는 마테차를 애용해서 이러한 명칭이 붙은 것으로 보인다.

시마하웅

브라질산 마테 가루는 아르헨티나와 파라과이, 우루과이의 마테 가루와 비교하여 그 빛깔과 입자의 굵기가 확연하게 차이가 난다. 그 이유는 마테를 만드는 공정의 차이 때문이다. 브라질은 사뻬까도 작업을 하지 않고 세까도 작업만 거친 후 적당한 크기로 자르는 깐차도 작업에 들어간다. 깐차도 후에는 남은 수분을 다시 말려서 창고에 저장하지 않고 바로 제분에 들어간다. 브라질산 마테가 아르헨티나와 파라과이산 마테와 다른 점은 사뻬까도를 하지 않고 깐차도 후에 남은 수분을 말려서 바로 제분작업에 들어간다는 점인데, 이때 아주 곱게 마테를 제분한다.

브라질산 마테는 사뻬까도를 거치지 않아 '생(生) 마테'와 비슷하여 밝은 녹색 빛을 띠며 본연의 마테 잎 색깔과 유사하다. 또한 브라질산 마테는 깐차도 후에 창고에 보관하지 못하고 바로 분쇄해서 소비해야 한다. 사뻬까도 과정이 생략되어 발효가 될 수 있기 때문에 오랜 기간 놔둘 수가 없다.

브라질 마테 가루은 빛깔이 세 국가에 비해 밝으며 마테 잎 본연의 색깔에 가깝다. 또한 다른 세 국가는 마테 가루에 잎과 줄기를 모두 포함하지만, 브라질은 마테의 줄기를 빼고 마테 가루를 만든다. 이것이 바로 브라질 마테 가루의 입자가 고운 이유이다. 브라질이 마테 가루에 줄기를 넣지 않는 것은 포르투갈 문화에서 유래했다고 보는데, 포르투갈 사람들은 쓴맛의 원인이 되는 채소의 줄기 부분을 제외하고 잎만 먹는 풍습이 있다고 한다. 또 다른 원인으로 브라질 사람들은 줄기에 영양이 없다고 생각하는 문화도 작용했다고 보고 있다.

시마하웅용 꾸이아는 주로 깔라바사(calabaza) 혹은 뽀롱고(porongo)로 불리는 호리병박과의 박(珀)으로 만든다. 브라질 꾸이아의 특징은 다른 세 국가보다 괌빠의 주둥이가 매우 넓으며, 괌빠의 용적도 크다.

마테차의 효능과 주의사항

프랑스의 파스퇴르 연구소는 1964년 마테차가 풍부한 비타민과 미네랄이 함유된 영양분이 높은 음료라는 결과를 내놓았다. 마테차는 흔히 녹차와 비교되는데 화학적 성분은 둘 다 유사하지만, 영양학적인 측면에서는 마테차가 녹차보다 우수하다. 마테는 비타민 A와 B, C, E, B1, B3, B5, 비타민 B 복합체가 풍부하게 함유되어 있다. 또한 칼슘과 철, 마그네슘, 칼륨, 인, 아연, 셀레늄, 망간 등의 무기질 영양소가 포함되어 있으며 항산화 물질과 탄닌, 아미노산, 플라보노이드, 소량의 카페인이 들어 있다(USAID 2006: 9) 탄닌은 마테의 씁쓸한 맛을 내는 역할을 한다. 마테는 영양학적으로 우수하여 에너지 충전과 기운을 내는 데 효과가 있으며 각성 효과도 있다. 마테차의 구체적인 효능은 여섯 가지로 다음과 같다.

마테차는 ① 항산화 작용으로 노화를 방지하는 효과가 있으며 피를 맑게 해주고, 각종 암을 막는 기능을 한다. 그리고 스트레스와 불면증에도 효과적이다. 이런 연유로 코노수르 지역 사람들은 자기 전에 마테를 많이 음용한다. ② 담즙 생산과 위산 분비를 촉진하여 소화에 도움이 된다. 게다가 장운동을 도와 장내의 찌거기를 제거하며 각 신체 기관의 정화 작용에도 기여한다. ③ 포만감을 느끼게 하여 과식을 억제하는 효과가 있다. 이를 활용하면 다이어트와 체중 감소에 도움을 줄 수 있다. ④ 항산화 물질과 아미노산이 콜레스테롤 수치를 낮게 하여 동맥 경화를 예방하는 데 효과적이어서 심혈관 강화에 도움이 된다. ⑤ 신진대사를 원활히 하여 피로회복에 효과적이고, 특히 운동 후 회복에 도움이 된다. 또한 근육에 축적된 젖산을 완화하는 기능을 한다. ⑥ 면역체계를 강화하여 전염병이나 기타 감염에서 보호하는 역할을 한다.

마테차는 상기의 효능도 있지만, 일부 사람들은 주의해야 할 사항도 있다. 마테는 카페인이 함유되어 있어 어린아이와 민감한 사람에게 권하지 않으며, 특히 고혈압 환자에게는 추천하지 않는다. 또한 수유기간에는 마시지 않는 것이 좋으며, 임산부가 마실 경우 유산의 위험도 있다. 더불어 마테차는 소화에 좋은 반면에 위염과 위산 분비가 높은 사람들은 자제해야 한다.

또 다른 마테차: 떼레레(Tereré)

떼레레는 마테와 모든 것이 비슷하나 차가운 물 혹은 얼음이 들어간 물을 사용한다는 차이가 있다. 또한 떼레레는 파라과이에서 주로 마신다는 특징이 있다. 브라질과 아르헨티나 일부 지역에서도 마시지만, 파라과이 국경 부근이나 파라과이 이민자들이 모여 사는 곳에서 주로 음용한다. 즉 떼레레는 직간접적으로 파라과이와 관련된 사람들이 마시는 음료라고 보는 것이 적절하다. 이를 반영하듯 파라과이 정부는 2010년 1월 7일 법률 4261/2011에 의거하여 떼레레를 국가 지정 공식 음료이자 문화유산으로 지정하였다. 또한 매년 2월 마지막 토요일을 테레레의 날로 지정하였으며, 이와 관련된 사업들은 모두 대통령 비서실에서 진행하고 있다.

떼레레

떼레레는 과라니어에서 파생된 의성어이다. 떼레레를 언제부터 마셨는가에 대한 부분은 상당한 논란이 있다. 떼레레의 기원은 여러 가지 설이 있는데, 크게 두 가지로 나뉜다. 첫 번째는 차코 전쟁을 계기로 나타났다는 것이다. 차코 전쟁은 1932년부터 1935년까지 3년간 파라과이와 볼리비아가 벌인 전쟁을 말한다. 차코 전쟁 당시에 군인들이 불을 피우기 어려워 차가운 물로 마신 것에서 유래되었다는 것과 군인들이 물이 부족하여 웅덩이 물과 오줌을 거르기 위한 여과장치로서 나쁜 맛을 없애기 위해 마신 것이 지금의 떼레레가 되었다는 것이다. 그리고 마테 재배지에서 노예들이 불을 피워 마테 마시는 것을 금하면서 차가운 물로 마시게 되었고, 이후 노예들이 군대에 끌려가서 차갑게 마시는 법이 널리 퍼져 지금의 떼레레가 되었다는 것이다.

다른 가설은 차코 전쟁 이전부터 떼레레가 존재했다는 것이다. 일반적으로 떼레레의 기원에 대해 대중들은 차코 전쟁 때부터라고 믿고 있지만, 여러 역사 기록에 의하면 그렇지 않다는 것이다. 가라바글리아(2008)는 식민시기에 마테 레프레스카(mate refresca)*를 마셨다는 기록을 통해 이때부터 차가운 물로 마테를 마셨다고 주장하였다. 이를 뒷받침하듯 과라니와 예수회 연구의 권위자인 멜리아(1995)는 당시 떼레레라는 용어는 없었지만 차가운 물로 마테를 마셨다는 17세기 중반의 문헌 증거로 봤을 때, 이미 차코 전쟁 이전부터 테레레 형식의 차가 존재했다고 보는 것이 옳다고 언급하였다.

이러한 떼레레의 기원에 관한 가설들을 종합해보면, 지금 같은 테

---

* 레프레스카(refresca)는 스페인어로 '시원하게 하다, 차게 하다, 상쾌해지다'라는 뜻이 있다.

레레의 음용 형태는 식민시기 전후에 발생한 것으로 보인다. 다만 떼레레라는 용어가 생긴 것은 차코전쟁 무렵쯤으로 추측할 수 있겠다.

떼레레 마시는 법은 마테와 다를 바 없다. 준비하는 법은 괌빠(guampa)에 봄비야를 넣고 그 위에 마테 찻잎을 넣고, 마테와 마찬가지로 봄비야에 입을 대고 빨아먹는다. 다만 마테와 가장 큰 차이점은 아주 차가운 얼음물과 함께 마시는 것이다. 몸의 상태나 취향에 따라 차가운 것을 싫어하는 사람들은 얼음물 대신에 상온의 물과 마시기도 한다.

차가운 물로 마시는 떼레레는 섭씨 40도를 웃도는 파라과이 여름 날씨에 없어서는 안 될 필수품이다. 특히 떼레레는 더운 여름 지친 심신을 달래주는 역할을 하는데, 이를 극대화하기 위해 파라과이 사람들은 괌빠에 붓는 물에다가 약초를 찧어서 넣어 마신다. 약초는 종류는 효능에 따라 다양하며 주로 더위로 인해 축 늘어진 몸과 마음을 상쾌하게 바꾸는 기능을 가지고 있다. 이 약초들은 과라니어로 뽀아 로으샤(pohâ ro'ÿsã)*라 부른다.

마테차와 떼레레의 또 다른 차이점은 괌빠의 형태이다. 떼레레 괌빠는 마테차 괌빠보다 긴 형태를 띠고 있다. 이는 떼레레가 주로 여름에 시원하게 갈증을 해소하기 위해 마시기 때문에 물을 더 많이 담기 위해 길게 만든 것이다. 사진의 괌빠는 모두 은으로 만든 것이다. 떼레레 괌빠는 마테차 괌빠와 달리 소뿔로 만든 것도 많이 사용한다.

* 뽀아 로으샤는 상쾌하게 하는 약초(hierbas medicinales refrescantes) 정도로 해석할 수 있다.

떼레레 괌빠(왼쪽)와 마테차 괌빠(오른쪽)

떼레레와 마테차는 외출 시에 사용하는 물을 붓는 용기도 차이가 난다. 물을 붓는 용기는 테르모(termo)*라고 부른다. 마테의 테르모는 뜨거운 물을 보관할 수 있는 보온병을 사용하며, 떼레레의 떼르모는 플라스틱 수통으로 크기가 2리터 정도 된다. 코노수르 지역의 사람들은 외출 시에는 테르모와 괌빠를 한 세트로 들고 다니는데 멋으로 가죽을 입히기도 한다. 테르모와 괌빠의 가죽 겉면에는 자신이 좋아하는 축구팀의 심볼이나 예쁜 그림, 캐릭터, 자신의 이름을 새겨 넣어 꾸미기도 한다. 이렇게 떼레레와 마테차 도구에 소뿔과 소가죽이 널리 쓰이는 것은 코노수르 지역에 목축이 성행하여 그와 관련된 가죽 제품이 발달했기 때문이다.

* 테르모는 보온병 회사인 써모스(thermos)에서 유래한 것으로 제품의 상표가 해당 물건을 지칭하는 고유명사가 된 경우이다.

테레레와 마테차 도구 판매점

떼레레 도구

떼레레는 마테와 마찬가지로 괌빠를 공유하면서 돌려 마신다. 가족이나 친구들이 더운 여름에 햇볕을 피해 망고나무 그늘이나 다른 큰 나무 아래에서 모여서 마신다. 아주 더운 여름도 그늘에서 떼레레를 마시면 땀이 마르고 시원해지며 몸이 가뿐해지는 것을 느낀다. 이렇게 이야기를 나누며 떼레레를 마시면 보통 2시간 정도는 금방 지나가 버린다. 파라과이 사람들은 떼레레를 통해 한 여름에 보통 2리터에서 4리터의 물을 마시는 효과를 본다. 떼레레는 땀을 많이 흘리는 여름에 자연스레 수분을 보충해주는 역할을 한다. 또한 떼레레를 약초와 함께 마시는 것은 별다른 보양식 없이 건강하게 여름을 지내는 비법이기도 하다.

떼레레를 마시는 모습

이렇게 파라과이 사람들은 여름에 시원한 떼레레를 마시며, 날씨가 쌀쌀한 겨울에는 따뜻한 마테차를 마신다. 봄과 가을에는 하루의 기온차가 달라 마테차와 떼레레를 번갈아 가면서 음용한다. 예를 들어 온도가 낮은 아침과 저녁에는 마테차를 마시며, 무더운 낮에는 떼레레를 마신다. 물론 이것은 정해진 규칙이 아니며 개인의 상황에 따라 자유롭게 마신다.

마테차와 떼레레: 전통(傳統)과 인습(因習)의 사이

마테차와 떼레레는 코노수르 지역 사람들의 정신과 육체에 원기를 불어주는 음료로서 그 가치가 새롭게 조명되고 있다. 이를 인정하듯 파라과이와 아르헨티나는 각각 서둘러 국가 차원에서 떼레레의 날(2010년)과 마테차의 날(2015년)을 지정하여 보존하고 계승하려는 노력을 전개하고 있다. 전통이라는 측면에서 마테와 떼레레는 국가의 자산이자 문화유산으로 주목받고 있다.

이러한 움직임과 달리 마테차와 떼레레의 사회적 기능은 보건 의학의 발달과 사회구조의 변화로 부정적으로 비춰지고 있다. 전통적인 음용 방법인 '함께 돌려 마시기'는 삶의 여유와 공동체 간의 교감을 상징하였으나, 이제는 무지하고 게으르고 위생관념이 부족한 사람들이 마시는 것으로 비춰지고 있다. 예를 들어 파라과이의 경우에는 2009년 신종 플루가 유행하면서 마테차와 관련된 정부의 보건 캠페인이 강화되었고, 이러한 영향으로 시민들이 점차 돌려 마시기를 자제하는 조짐을 보이고 있다. 물론 일각에서는 마테차와 떼레레 '함께 돌려 마시기'가 '아름다운 전통'이자 문화이며, 현대를 살아가는 데 아무런 해를 끼치지 않는다고 주장하는 이들도 있다.

모든 전통은 변화하기 마련이고, 새로운 사회 환경에 적응하기 위해 또 다른 모습으로 나타난다. 어찌 보면 마테와 떼레레 '함께 돌려 마시기'는 지금의 사회 구조에서 변화하는 것이 당연해 보인다. 그렇지만 지금의 상황에서 이해할 수 없다고 전통을 유지하는 사람들에게 비판을 가하는 것은 결코 바람직하지 않아 보인다.

코노수르(Cono Sur) 지역의 문화유산: 마테차 이야기

Benítez, Derlis 1997 *El Terere*, Asunción: el lector.

Dellacassa, Eduardo & Bandoni, Arnaldo 2001 "El Mate", *Revista de Fitoterapia* 1(4), pp.269-278.

Garavaglia, Juan 2008 *Mercado Interno y Economía Colonial*, Prohistoria Ediciones.

Gonzales, Dionisio 2010 *Folkore del Paraguay*, Asunción: Servilibro.

Melia, Bartomeu 1995 "Curiosides Históricas", *Revista Acción*, Asunción: CEPAG.

USAID 2006 *Welcome Yerba Mate: La novedad en el Mundo de la Infusiones*. http://www.usaid.gov/sites/default/files/documents/1862/yerba_mate.pdf(검색일 2014.12.8)

여러 겹의 시간을 만나다

부에노스아이레스, 카르타헤나, 카라카스 그리고 마테차와 마야문명

초판 1쇄 발행 2015년 5월 31일

지은이 구경모, 서성철, 안태환, 정이나, 차경미
펴낸이 강수걸
편집장 권경옥
편집 양아름 문호영 정선재
디자인 권문경 박지민
펴낸곳 산지니
등록 2005년 2월 7일 제14-49호
주소 부산광역시 연제구 법원남로15번길 26 위너스빌딩 203호
전화 051-504-7070 | 팩스 051-507-7543
홈페이지 www.sanzinibook.com
전자우편 sanzini@sanzinibook.com
블로그 http://sanzinibook.tistory.com

ISBN 978-89-6545-296-6 03900

* 책값은 뒤표지에 있습니다.
* 이 저서는 2008년 정부(교육과학기술부)의 재원으로 한국연구재단의 지원을 받아 수행된 연구입니다.(NRF-2008-362-A00003)
* 이 도서의 국립중앙도서관 출판예정도서목록(CIP)은 서지정보유통지원시스템 홈페이지(http://seoji.nl.go.kr)와 국가자료공동목록시스템(http://www.nl.go.kr/kolisnet)에서 이용하실 수 있습니다.(CIP제어번호 : CIP2015013497)